U0921705

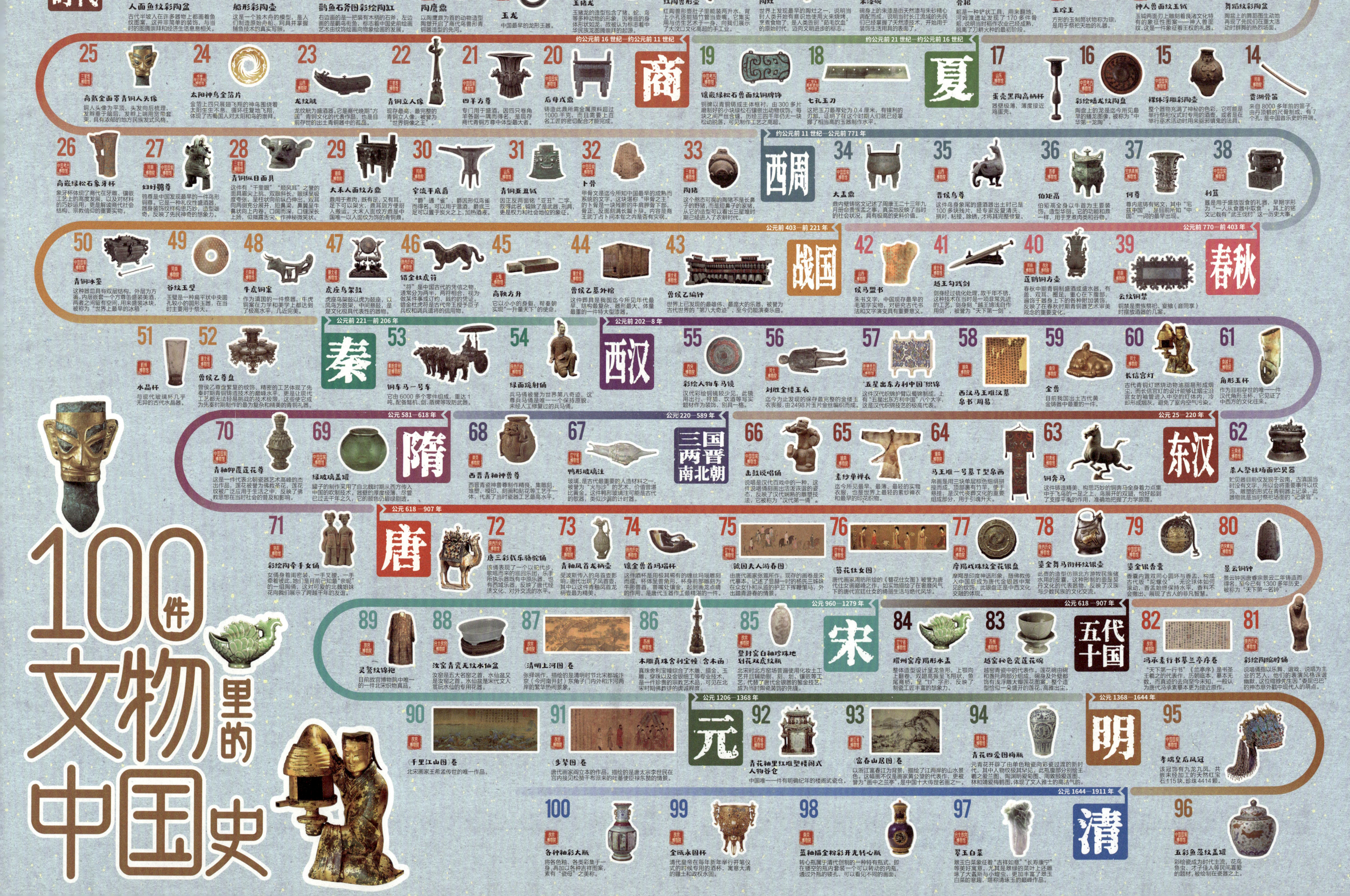
100件文物里的中国史
时代
商
约公元前16世纪—约公元前11世纪
夏
约公元前21世纪—约公元前16世纪
西周
约公元前11世纪—公元前771年
战国
公元前403—前221年
春秋
公元前770—前403年
秦
公元前221—前206年
西汉
公元前202—8年
三国两晋南北朝
公元220—589年
东汉
公元25—220年
隋
公元581—618年
唐
公元618—907年
宋
公元960—1279年
五代十国
元
公元1206—1368年
明
公元1368—1644年
清
公元1644—1911年

目录

图书在版编目（CIP）数据

博物馆游学：中国必须去看的150座博物馆 / 文小通编著. -- 北京：光明日报出版社, 2025. 8. -- ISBN 978-7-5194-8908-3

Ⅰ. K87

中国国家版本馆CIP数据核字第2025KW4979号

# 博物馆游学：中国必须去看的150座博物馆

BOWUGUAN YOUXUE: ZHONGGUO BIXU QU KAN DE 150 ZUO BOWUGUAN

编　　著：文小通

责任编辑：王　娟　　　　责任校对：徐　蔚

特约编辑：张春艳　　　　责任印制：曹　诤

封面设计：李果果

出版发行：光明日报出版社

地　　址：北京市西城区永安路106号，100050

电　　话：010-63169890（咨询），010-63131930（邮购）

传　　真：010-63131930

网　　址：http://book.gmw.cn

E - mail：gmrbcbs@gmw.cn

法律顾问：北京市兰台律师事务所龚柳方律师

印　　刷：天津裕同印刷有限公司

装　　订：天津裕同印刷有限公司

本书如有破损、缺页、装订错误，请与本社联系调换，电话：010-63131930

开　　本：170mm × 240mm　　　　印　　张：9

字　　数：140千字

版　　次：2025年8月第1版

印　　次：2025年8月第1次印刷

书　　号：ISBN 978-7-5194-8908-3

定　　价：68.00元

Books Bear
布克熊童书

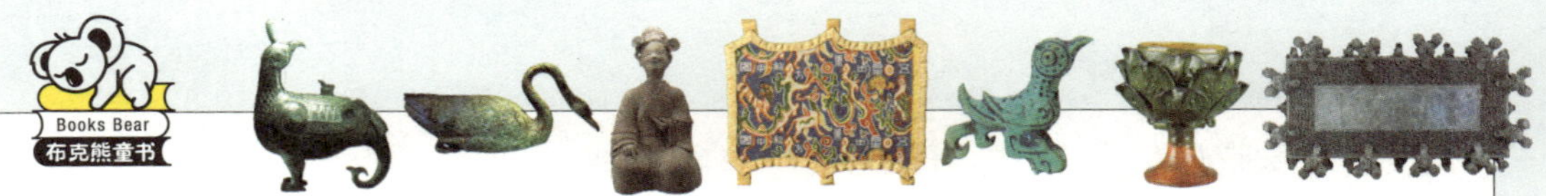

# 博物馆游学

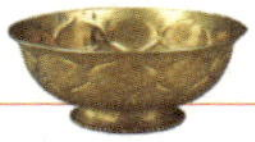

## 中国必须去看的150座博物馆

文小通　编著

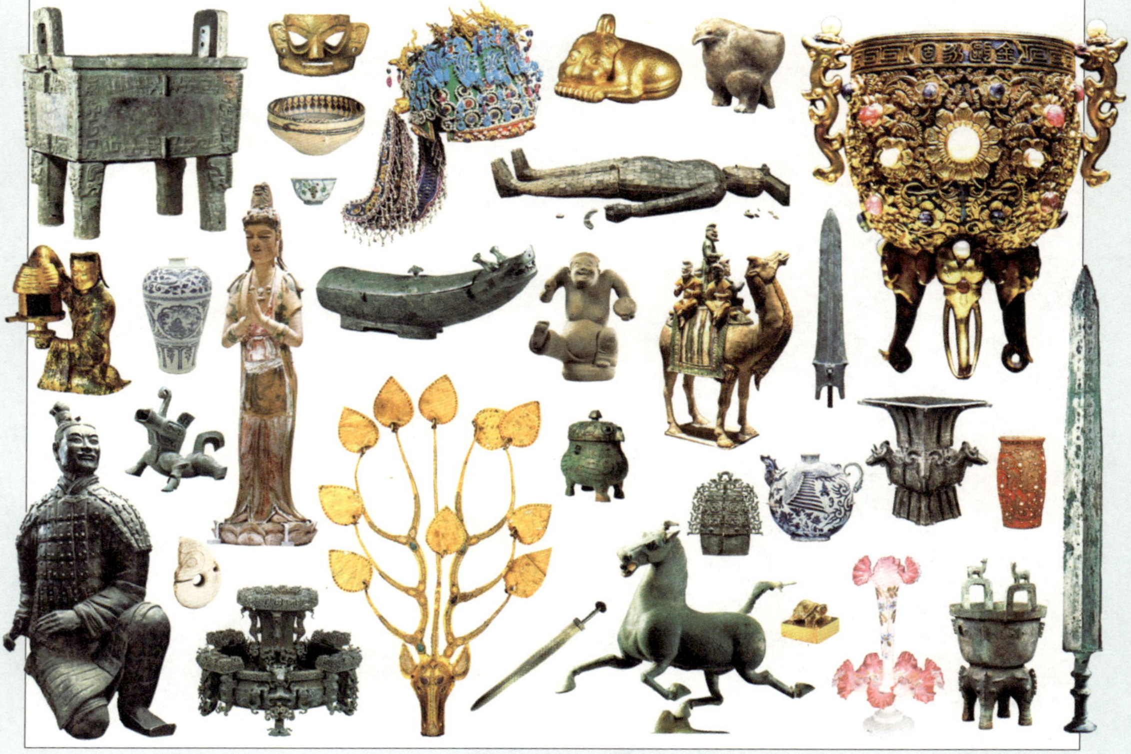

光明日报出版社

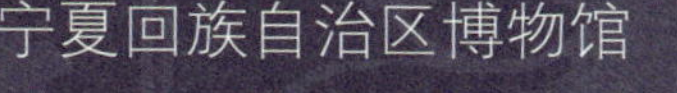

# 北京故宫博物院

## 从皇家办公住所到公共博物馆

**等级** 国家一级博物馆

**类别** 综合性博物馆

**藏品数量** 186 万余件 / 套

**地位** 世界五大博物馆之一

## 故宫 600 年

位于北京市东城区的故宫，曾经是皇帝的住所。从明朝到清朝，一共有 24 位天之骄子在这里上演着权力的斗争戏码。直到 1925 年，故宫博物院成立，那扇曾经只为帝王敞开的大门，终于面向每一位热爱历史的游客开放。

## 一根中轴定乾坤

紫禁城南北长 961 米，东西宽 753 米，一共有 4 座城门，南面为午门，北面为神武门，东面为东华门，西面为西华门。城墙的四角，各有一座角楼。

故宫内部也有一根中轴线，这条线上的建筑有午门、太和门、太和殿、中和殿、保和殿、乾清门、乾清宫、交泰殿、坤宁宫、神武门等。将中轴线向南北延长，就与北京城的中轴线连成了一体。故宫博物院便是在这根中轴线上落地生根。

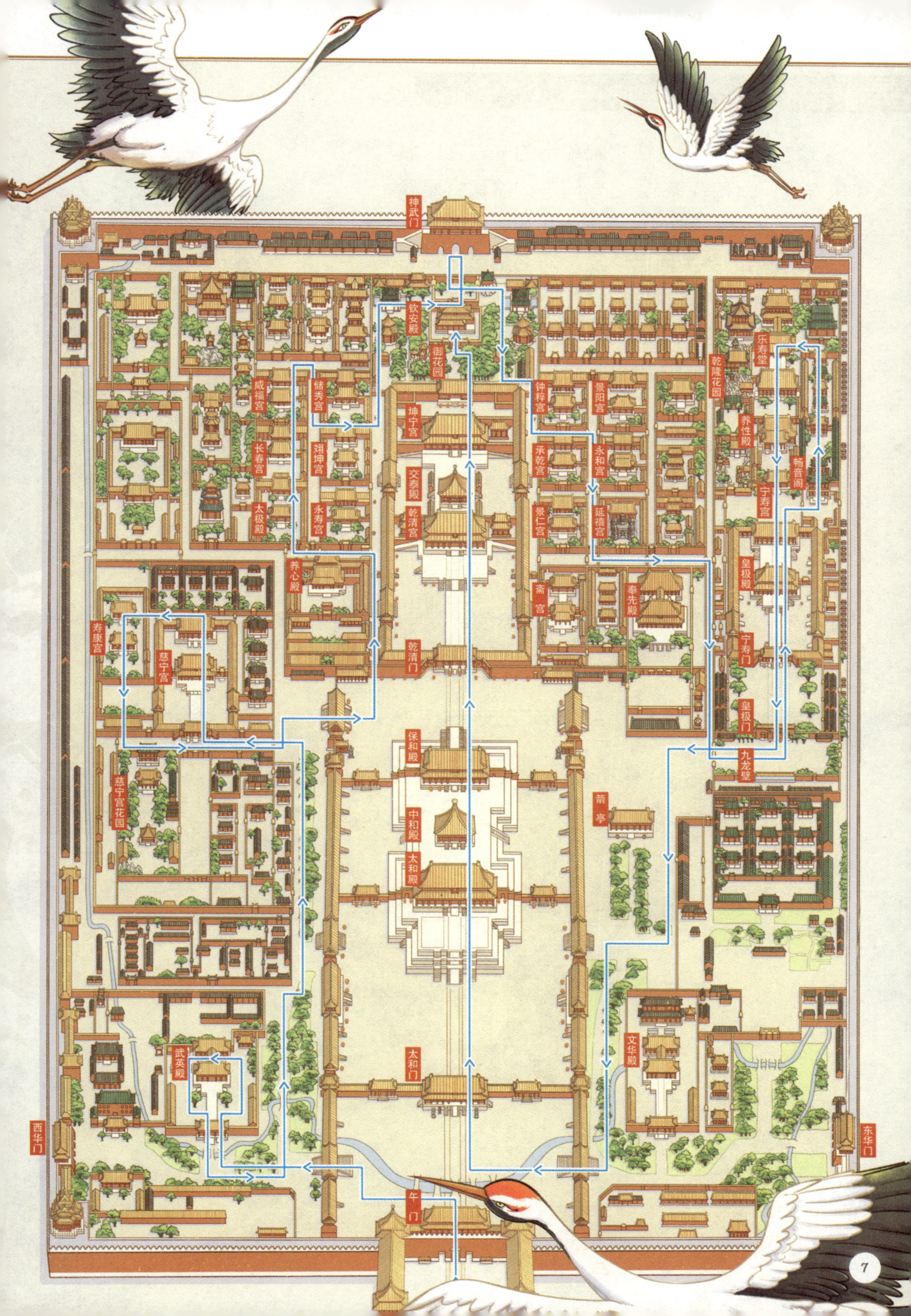
神武门
钦安殿
御花园
乐寿堂
乾隆花园
钟粹宫
景阳宫
储秀宫
咸福宫
坤宁宫
翊坤宫
长春宫
承乾宫
永和宫
养性殿
畅音阁
交泰殿
乾清宫
太极殿
永寿宫
景仁宫
延禧宫
宁寿宫
养心殿
斋宫
奉先殿
皇极殿
寿康宫
慈宁宫
乾清门
宁寿门
皇极门
保和殿
九龙壁
慈宁宫花园
箭亭
中和殿
太和殿
太和门
武英殿
文华殿
西华门
东华门
午门

## 装满珍宝的大库房——珍宝馆

珍宝馆位于故宫博物院东路的宁寿宫区域（乐寿堂、颐和轩等），是专门陈列清代宫廷珍贵文物的专题展馆。这里集中展示了清朝皇室收藏和使用的各类稀世珍宝。著名的金嵌珠石“金瓯永固杯”就在这里。

珍宝馆的展品材质珍贵、工艺精湛，设计华美，是清代宫廷奢华生活和顶级工艺水平的集中体现。

乙酉
年
如

## 不得不看的国宝

故宫博物院是世界上规模最大、保存最完整的木结构宫殿建筑群，如今这里成为明清皇室珍宝的巨大宝库，收藏了 186 万多件珍宝。这里，是让我们感受明清宫廷历史的绝佳去处。

### 宫廷之宝▸金瓯永固杯

纯金打造的御用酒杯。珍珠宝石镶满全身，一对神龙是它的双耳，三只宝象是它的金足。乾隆皇帝高举此杯，祈求江山永固。

### 漆器之宝▸“张成造”剔犀云纹盘

元代著名漆器工匠张成打造的黑漆剔犀木盘。圆润的雕刻线条下，隐隐有四道朱漆从乌黑盘面中透露出来，此技法为难得一见的“乌间朱线”。

### 玉器之宝▸玉云龙纹炉

宋代仿古玉器的代表作，以青玉仿出了黄玉质。表面雕刻着龙腾四海、喷云吐雾的壮观景象。炉底阴刻着乾隆的七言诗。

### 珐琅之宝▸掐丝珐琅缠枝莲纹象耳炉

运用俗称“景泰蓝”的掐丝珐琅工艺，绘制三色缠枝莲花 6 朵，四色菊花 12 朵，富丽优雅。

**书画之宝▸张择端《清明上河图》卷**

中国十大传世名画之一。聚焦汴河两岸风光，以 5 米多长卷绘制北宋时期的风俗人情，记录 12 世纪中国的繁荣盛景。

**法帖之宝▸陆机草隶书《平复帖》卷**

晋代书法家陆机创作的书法作品，既有隶书特征，又有草书意趣。本为陆机赠予多病友人的信札。

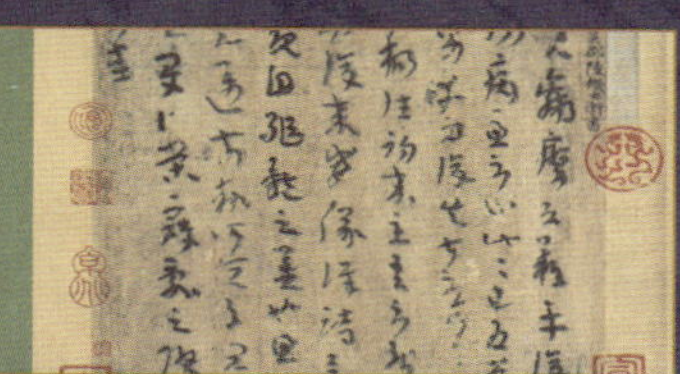

**钟表之宝▸黑漆彩绘楼阁群仙祝寿钟**

乾隆年间以楼阁为造型的时钟。一共两层，一层正中设置双针时钟，二层设置 3 间房屋，每一间里各有一位报时人。

**织绣之宝▸沈子蕃缂丝《梅鹊图》轴**

南宋缂丝名匠沈子蕃之作，曾是皇家珍藏。以“通经断纬”的典型技法，还原原画古朴清丽的韵味。

**陶瓷之宝▸郎窑红釉穿带直口瓶**

通体红釉的官窑瓷器，乾隆题诗赞许它的颜色“世上朱砂非所拟”。底部有两个小孔，方便穿绳。

**青铜之宝▸亚醜方尊**

为祭祀先王、后妃、太子所铸的礼器。高达 45.5 厘米，重达 21.5 千克，表面刻有铭文。

# 中国国家博物馆

## 穿越千年的历史回响

等级 国家一级博物馆

类别 综合性博物馆

藏品数量 143 万余件 / 套

地位 第六批全国古籍重点保护单位

### 国家的文化殿堂

天安门广场东侧，坐落着中国国家博物馆。它的前身可以追溯到 1920 年成立的“国立历史博物馆”。中华人民共和国成立后，这座承载华夏文明的殿堂经历三次搬迁扩建，最终在北京东城区东长安街 16 号安家，与人民大会堂遥遥相对。

### 比故宫还大

中国国家博物馆最大的特点就是大！作为世界上单体建筑面积最大的现代化综合性博物馆，它的建筑面积近 20 万平方米，共 7 层，配置了 48 个标准展厅。除此之外还有一系列现代化设施，例如可容纳 800 人的剧场、近 300 个座位的学术报告厅、600 个车位的地下停车场等，像一座能吃能玩能学的“文化主题乐园”。

## 两轴两区

两条轴线是中国国家博物馆的“骨架”。东西轴线为“主干道”，连接着东西两门。沿着这条主干道，游客便能顺利找到入口和出口。南北轴线为“脊梁”，将博物馆分成了南区和北区。南区主要展示古代的历史，北区主要讲述近现代的文化。

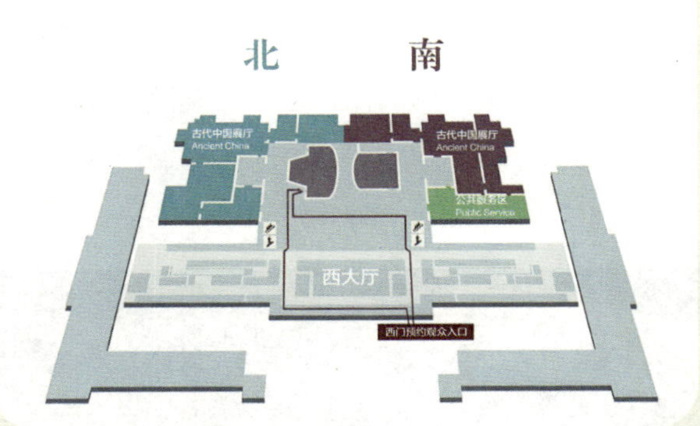


中国国家博物馆内，有一条长 260 米、高 28 米的南北艺术长廊。顶部依照传统建筑风格，建有 368 个藻井。

### 馆藏珍宝与展区概况

国家博物馆作为中国最大的综合性博物馆之一，馆藏丰富，超过 143 万件文物，涵盖了从新石器时代到清代的各类文物。

### 以下是各楼层展馆的看点总结

| 楼层 | 展览内容 | 主题简介 |
| --- | --- | --- |
| B1 层 | 古代中国基本陈列 | 以王朝更替为主线，展示从远古到明清时期的文物。 |
| F1 层 | 中央大厅展览 | 展示开国大典相关文物。 |
| F1 & F2 层 | 复兴之路 | 讲述从 1840 年鸦片战争到新中国改革开放的历史。 |
| F3 | 复兴之路新时代部分 + 古代饮食文化 + 临时展览 | |
| F4 层 | 科技的力量 | 展示中国古代科技成就与现代科技发展。 |
| F4 层 | 古代瓷器 | 300 余件瓷器精品，涵盖不同瓷窑的典型器物。时代序列完整。 |
| F4 层 | 古代玉器 | 展示中华文明中玉器的发展历程。 |
| F4 层 | 古代钱币 | 展示中国古代货币的发展历程。 |

## 文物们的超级“大仓库”

作为国家文化基因库，中国国家博物馆内有 143 万余件 / 套藏品，如果按每件文物看 1 秒计算，全部看完需要整整两个月！这些文物以王朝更替为主要脉络，按照时间排列，从远古时期到近现代，见证了中华民族 5000 多年文明的绵延与灿烂辉煌。

### 远古时期

**新石器时代后期 · 红山文化玉龙►**

被称为“中华第一龙”。玉龙的身体蜷曲成一个 C 字，吻部前伸，棱形的双眼突起，眼尾上翘，颈处有一条弯曲上翘的长鬃。

**◄新石器时代前期 · 仰韶文化 · 鹳鱼石斧图彩绘陶缸**

彩绘陶缸腹部有鹳 (guàn) 鱼石斧图，是国内目前发现的最早、面积最大的陶画。

**新石器 · 仰韶文化 · 鹰形陶鼎►**

整体是一只站立的雄鹰，圆眼，嘴成钩状，背部与两翼之间为鼎口。

### 先秦

**◄商 · 四羊方尊**

商代晚期青铜礼器，被誉为“臻于极致的青铜典范”。

**商 ·“后母戊”青铜方鼎►**

目前世界上出土最大、最重的青铜器，高 133 厘米，重 832.84 千克，被誉为“镇国之宝”。鼎身饰有饕餮纹、云雷纹、凹弦纹等。

**◄西周 · 利簋**

目前发现的最早的西周青铜器。器身饰有饕餮纹、蝉纹等，内底铭文记录了武王伐纣的历史事件。

◂西周·“虢季子白”青铜盘

商周盛水器。造型像是一只大浴缸，盘内有铭文 111 字，记录了虢季子白的战功，被誉为西周金文中的绝品。

## 秦汉

◂西汉·“滇王之印”金印

西汉元封二年（公元前 109 年）汉武帝赐予滇王的金质印章，蛇钮造型独特，印面凿刻篆书“滇王之印”四字，印证了《史记》中汉武帝在滇国设益州郡并赐印的历史。

## 三国两晋南北朝

北朝·马头鹿角形金步摇▸

北朝鲜卑族遗物，以纯金打造，基座为马头，顶部延伸出鹿角状枝杈，缀有桃形金叶，行走时摇曳生姿。

## 隋唐五代

◂三彩釉陶载乐骆驼

唐代三彩陶器的代表作，表现骆驼载乐俑的生动场景。

## 宋

南宋·哥窑鱼耳瓷炉▸

哥窑的经典器型，以鱼耳造型和开片釉为特色。

## 明清

◂孝端皇后凤冠

明孝端皇后的凤冠，中国历史上最经典的皇后凤冠。饰有九条金龙和九只金凤，镶嵌天然未加工的红宝石 115 块、珍珠 4414 颗。

# 上海博物馆

## 文物界的“半壁江山”

**等级** 国家一级博物馆

**类别** 综合性博物馆

**藏品数量** 约 102 万件 / 套

**地位** 『包罗中国古代艺术万象』的顶级艺术博物馆

## 天圆地方的“青铜大鼎”

上海博物馆于 1996 年全面建成开放，建筑面积 3.9 万平方米，陈列面积 12000 平方米。它一建立就是全国名列前茅的大型博物馆。远远看去，上海博物馆仿佛一座巨大的青铜器，下方上圆的造型将“天圆地方”的宇宙观呈现出来。在这里，天与地、历史与人文、过去和未来和谐并存。

## 捐出来的国宝

世界上没有哪一个博物馆里的中国古代艺术品，能比得上上海博物馆：论数量，上博拔得头筹；论质量，上博也遥遥领先。但与大部分博物馆不同，上博里的文物，近 1/4 文物是“捐”出来的。据悉，目前上博文物收藏包括 33 个门类，其中近 9 万件来自各界人士捐赠。

### 大克鼎

西周中期的青铜鼎。光听名字就能猜出它的特点——“大”！它不仅有半人高，还重达201.5千克。鼎内底部铸有290个篆书铭文，记载了周天子对贵族“克”的册命辞。

### 晋侯稣钟

西周晚期的青铜钟，共16枚，如今14枚编钟在上海博物馆，余下2枚被保存在山西博物院。编钟上的铭文记录了周厉王时期，晋侯稣随周厉王亲征东方夙夷的历史事件。

### 战国商鞅方升

商鞅方升是战国时期的秦国用来测量容量的标准器具。由商鞅监制，上面刻有铭文，记录了秦孝公十八年（公元前344年），商鞅变法时统一度量衡，以及秦始皇二十六年（公元前221年）统一度量衡的诏令。

### 《高逸图》卷

唐代孙位的传世画作，以魏晋时期“竹林七贤”为主题，现存部分仅保留了山涛、王戎、刘伶、阮籍四位高士。

### 朱克柔缂丝《莲塘乳鸭图》

南宋工匠朱克柔创作的一幅缂丝作品，运用“长短戗（qiàng）缂”“合花线”等独特手法，展现了夏季江南莲塘中乳鸭嬉戏的美景。

### 粉彩蝠桃纹瓶

清雍正时期景德镇官窑烧制的瓷器。外形像一个橄榄，上下收紧，中间留着一个“圆肚子”。瓶身上用粉彩画着八桃二蝠，寓意福寿双全。

# 陕西历史博物馆

## 十四代王朝的“宝藏密码”

**等级** 国家一级博物馆

**类别** 综合性历史类博物馆

**藏品数量** 170 余万件 / 套

**地位** 中国改革开放后第一座大型现代化国家级博物馆

### 古都明珠，华夏宝库

陕西是华夏文明的重要发祥地之一。回顾中华上下五千年，周、秦、汉、唐……14 个王朝或政权在西安建立都城。辉煌灿烂的古都史为这里留下了数不尽的文化遗产。1991 年，陕西历史博物馆落成开放。从这里向东南望去，大雁塔静默地矗立，见证着这片土地上千年的光阴变迁。

### 穿越盛唐的“长安宫殿”

陕西历史博物馆本身就是一件“文物”。它模仿唐代皇宫的建筑样式，采用“中央殿堂、四隅崇楼”的布局，四角的“崇楼”像忠诚的卫士，守护着高耸庄严的中央“殿堂”。行走其中，只见灰瓦白墙，屋檐翘角。仿佛回到了千年前的大明宫，一睁眼就是盛世长安。

### 横跨百万年的国宝

陕西历史博物馆收藏着从远古时期至当代社会生活的各类见证物，时间跨度长达一百多万年。其中，商周青铜器、历代陶俑、汉唐金银器和唐墓壁画最为有名。这些文物不仅数量众多，而且价值不菲。

### 《狩猎出行图》

唐墓壁画中上乘杰作。画面以青山松林为背景，描绘了40多个骑马狩猎者，簇拥着主人纵马驰向猎场的壮观场景。

### 鸳鸯莲瓣纹金碗

唐代金器，碗壁捶作出向外凸鼓的莲花瓣纹。分为上下两层，每层10片，每个莲瓣里都錾刻有不同的装饰图案，精美绝伦。

### 镶金兽首玛瑙杯

唐代玉器，由一块罕见的五彩缠丝玛瑙雕成。造型为兽角形，双角为杯柄，兽嘴处镶金。

### 《宫女图》

1960年乾县唐永泰公主墓出土，描绘了九位风姿绰约的宫女。她们个个体态丰盈，梳着高髻，肩披纱巾，长长的裙子拖到了地上。

### 三彩载乐骆驼俑

唐三彩陶器。雕刻了一个流动演出团行走在丝绸之路上的场景。他们围绕着一名正在歌唱的女子，坐在一头骆驼身上，手持不同乐器，看上去非常高兴。

### 青瓷提梁倒灌壶

五代青瓷的代表作。青瓷壶设计精巧，壶身为球形，提梁为龙形，底部中心有梅花形注水孔，是耀窑瓷器出类拔萃的珍品。

### 皇后玉玺

西汉皇后玉玺。和田羊脂白玉雕制，玉色纯净无瑕，晶莹润泽，是汉代皇后玉玺的唯一实物资料。

### 鎏金鎏银铜竹节熏炉

西汉时期博山炉中的精品之作。熏炉为青铜质地，通体鎏金鎏银。熏炉共有九条龙装点其间。“九”在我国古代象征最高数字，是皇权的一种体现。

# 河南博物院

## 中原的“回响”

**等级** 国家一级博物馆

**类别** 国家级综合性博物馆

**藏品数量** 17万余件/套

**地位** 见证中华文明发展轨迹，展示中国历史发展脉络的文化艺术宝库

## 探秘“中州”的“观星台”

河南博物院创建于1927年，是我国博物馆界的“老大哥”。最初，设计师参照中国现存最早的古朝天文台建筑——登封观星台，建造了这个“戴帽子”的“金字塔”博物馆。

这样特别的设计还得追溯到西周时期。相传那时周公在登封观星台上观测天象、测量日影，从而编写出历法，指导古人农耕。因此，人们认为天地的中心就在此处，甚至把河南称为“中州”或者“中原”。

## 重量级国宝

河南博物院被誉为中原文明的“百科全书”，馆藏文物有17万多件/套，包括史前文物、商周青铜器，以及历朝陶瓷器、玉器、石刻等。其中，国家一级文物与国家二级文物有5000多件，还有一部分被誉为“国之重器”。它们承袭“中原文化”的脉络，数量多、种类全、价值高。

**贾湖骨笛** ►

新石器时代文物，距今约8000年，是中国年代最早的乐器实物，也是世界上最早的可吹奏乐器，被誉为“中华第一笛”。

### 杜岭方鼎

商代早期青铜器，是迄今发现的商早期最大的青铜器之一，重达 64.25 千克，器身纹饰以饕餮纹、乳钉纹为主。

### 妇好鸮尊

商代晚期青铜器，是目前发现最早的鸮形酒器，造型新颖，纹饰精巧，背后有半圆形开口盖，上面立着一个龙形鸟。

### 莲鹤方壶

春秋时期青铜制盛酒或盛水器。器身上层盖顶怒放的双层莲瓣和立于其上的仙鹤清新脱俗，其铸造工艺堪称青铜时代的绝唱。

### 玉柄铁剑

西周晚期文物，由铁质剑身、铜质柄芯与玉质剑柄嵌接组合。它是中国目前经科学鉴定的最早的人工冶铁实物，荣获“中华第一剑”的美称。

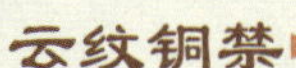

### 云纹铜禁

春秋晚期的青铜酒桌，布满精美的镂空花纹。它整体用失蜡法铸就，也凭借这个技艺将中国失蜡法铸造工艺的历史向前推进了1100年。

### 《四神云气图》壁画

西汉早期壁画，画有青龙、白虎、朱雀与一只长着鸭嘴、鱼身、长翅膀的怪兽。它是我国目前所见时代最早、画面最大、级别最高、保存最为完整的壁画。

### 汝窑天蓝釉刻花鹅颈瓶

北宋汝官窑瓷器，是唯一的完整的刻花天蓝釉汝官窑器物，稀世难得。

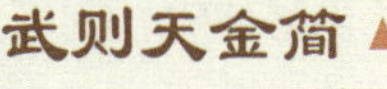

### 武则天金简

唐代金器。是武则天时期的重要文物，金简上刻有武则天的铭文，具有重要的历史价值。

# 河北博物院

## 燕赵文化的璀璨明珠

等级　国家一级博物馆

类别　综合性博物馆

藏品数量　约 21 万件 / 套

地位　首批国家一级博物馆　全国最具创新力博物馆

### 传统与现代交融的殿堂

河北博物院位于河北省石家庄长安区东大街 4 号，总建筑面积 63043 平方米。该院于 2014 年 6 月正式揭牌并对外开放，分为主院区、建华院区和育才院区三大部分。主院区分为南、北两个区域，北区仿照了北京人民大会堂的廊柱式建筑，南区为新建，建筑周围环以高大的廊柱。主院区充满了现代与历史交融的气息。步入博物院，仿佛穿越时空，回到了那个波澜壮阔的历史长河之中。

### 数字化里的云展

河北博物院推出了“智慧化导览服务”，融合了 AR、VR、智能语音等技术，用数字珍宝游、数字创意书写台、数字虚拟修复等创新方式，使文物“活”起来，参观体验从“静态观展”向“动态互动”转型，开启数字艺术体验之旅。

### 燕赵故事与满城汉墓

燕赵文化是河北地区独特的历史文化现象，主要体现在春秋战国时期的燕国和赵国。《慷慨悲歌——燕赵故事》展览向参观者娓娓讲述两千多年前燕赵大地上发生的精彩故事。《大汉绝唱——满城汉墓》里全方位地展示了西汉中山国第一代靖王刘胜及其妻窦绾二人之墓的全貌和珍贵的墓葬文物。2001 年，满城汉墓被列入 20 世纪最重要的百项考古发现名录。

## 中山王厝铁足大铜鼎▶

战国中山国的礼器，高 51.5 厘米，铁足铜身，外壁刻有 469 字的铭文，是中国现存最长的战国青铜器铭文。铭文中记载了“中山国伐燕”的事件，具有非常重要的学术价值。

## ◀透雕龙凤纹铜铺首

战国时期青铜宫门饰件，高 74.5 厘米，兽面衔环状，饕餮怒目、龙凤缠绕，纹饰细腻，被誉为“中国第一大青铜宫门铺首”。

## 刘胜金缕玉衣▲

汉代中山靖王刘胜的特制殓服，全长 188 厘米，由 2498 块玉片和 1.1 千克金丝组成，工艺精度极高，彰显了汉代贵族的奢华与尊贵。这件玉衣是迄今为止我国发现的最完整、规格最高的玉制葬衣之一。

## ◀“长信”宫灯

西汉青铜鎏金灯具，灯高 48 厘米。宫女手持灯盏，右臂为烟道，中空设计可将烟尘导入底部清水，它不仅造型精美，还能够调节光线方向和防止烟雾污染空气，蕴含了古人的环保智慧，被誉为“中华第一灯”。

## 西汉·错金博山炉▶

中山靖王墓出土的熏香炉，高 26 厘米，由炉盖、炉盘、炉座三部分组成。炉盘和盖上雕成海上仙山，山峦间有猎人、虎、豹、猴子等出没，炉身通体错金，燃香时云雾缭绕，被誉为“史上最豪华的香薰”。

# 博物馆里的神兽

人类自打诞生以来，就对大自然中的各种生灵充满敬畏与好奇。每当看到奇异的生物，古代的能工巧匠们就按捺不住内心的激动，非要把它们制作成艺术品才肯罢休。有时，他们并不遵循眼见为实的标准，而是加上了自己的想象。就这样，越来越多的“神兽”穿越历史，住进了博物馆里。

◂青瓷神兽尊　南京博物院藏

青瓷神兽尊出土自西晋名门周氏的家族墓，专门用来镇守墓葬。它仰着头，咬着一颗明珠不松口。长长的胡须散在胸前，背后还有一双翅膀和一溜儿背毛。它是穷奇，传说中惩恶扬善的正义之兽。

西汉金兽　南京博物院藏▸

想不到这只面目凶狠的金兽，竟是我国目前出土的最重的古代金器。它蜷缩着身子，咧着大嘴巴。有人认为它满身斑纹，是豹子；也有人认为它是镇守国库的“吞金兽”。

◂鸱吻　故宫博物院 太和殿

故宫太和殿屋顶上有一对鸱吻，国内古代建筑上再也没有鸱吻比它俩还大。相传鸱吻是龙的第九子，所以长着龙的头和鱼的身子。通常鸱吻都把嘴巴张得大大的，这是因为它喜欢吞火，只要把方圆百里的火苗都吞干净，身下的建筑就再也不会着火！

青铜神兽　河南博物院藏▸

这只四脚兽长着龙一样的脑袋，一对长长的兽角直冲着天，嘴巴里獠牙交错，还叼着一条小龙，简直威风得不得了！有趣的是，这只神兽爱美得很，脸颊两边各装饰了一朵盛开的小花。

### 青铜神兽　三星堆博物馆藏▶

这只青铜神兽简直和小狗一模一样，只不过头顶上长着一只顶部卷起来的角。它脖子粗短，躯干却健硕修长，屁股高高地翘着，尾巴向后弯曲，身体上带有云雷纹“文身”。

### ◀饕餮纹铙　天津博物馆藏

这把铙上有一张好大的兽脸！圆圆的大眼睛，宽阔的大耳朵，一张扁长的兽嘴里露出尖锐的利牙。这就是传闻中的四大凶兽之一——饕餮。相传它的牙齿和虎牙一样锋利，胃口还特别大，无论面前有多少食物都能一口吞下。

### 鸟形尊　重庆中国三峡博物馆藏▶

这是只什么鸟？肥硕的身躯像鸽子一样，带薄膜的脚趾却和鸭蹼一样。更不要说它憨态可掬的脸上还竖着一对小兽才有的耳朵，就连那张微微张开的嘴，也像是鱼类特有的样子。专家们认为这只鸟形神兽的原型是“凫”，也就是野鸭。

### ◀蒲牢钮平于铜钟　福建博物院藏

这件铜钟顶端站着一只弓身的神兽。它长着龙一样的身子和龙一样的脸，个头却比龙小很多。原来它叫蒲牢，是龙的九个后代里最像龙的一只。虽然它个头小，声音却很洪亮，还特别喜欢鸣叫，所以常常出现在钟钮上。

# 秦始皇兵马俑博物馆

## 探秘秦始皇的地下王国

等级 国家一级博物馆

类别 遗址类博物馆

藏品数量 约 5 万件 / 套

地位 『世界第八大奇迹』

### 巨无霸博物馆

秦始皇帝陵博物院由两部分组成：秦始皇兵马俑博物馆和秦始皇陵遗址公园，两个景点相距 2200 米。秦始皇兵马俑博物馆占地 4.8 万平方米。秦始皇陵国家考古遗址公园又称“丽山园”，以秦始皇帝陵为中心，面积有 2.135 平方千米，相当于 316 个足球场那么大！

### 沉睡千年的地下军团

这里就是“世界第八大奇迹”——秦始皇兵马俑！8000 多尊真人真马大小相似的陶俑、陶马组成的地下军团，守护着秦始皇的陵墓。每一尊兵马俑的面容、发型、表情，甚至鞋底纹路都独一无二。一号坑规模最大、陶俑军队最壮观，二号坑最“热闹”，骑兵、战车、步兵和弩兵都汇集在这里，三号坑是整个军队的“指挥部”，称作“军幕”。

### 不得不看的秦军精锐

秦始皇帝陵博物院坐落在陕西省西安市的骊山脚下。可以说，来到这里，看的就是秦始皇的陪葬俑。除了大名鼎鼎的兵马俑之外，百戏俑、文官俑、铜车马……也是别处无法见到的宝贝。

◄秦跪射俑

一尊未经人工修复，但保存最完整的兵马俑。跪射俑右膝跪地，左腿蹲曲，双目炯炯有神，面庞冷峻，手持弓弩，展现了秦军作战的情景。

秦陵一号铜马车►

秦始皇的豪华马车，由四匹马拉动，马车上装饰着精美的金银饰物，是中国考古史上出土的体形最大、结构最复杂、系驾关系最完整的古代车马，被誉为“青铜之冠”。

◄秦高级军吏俑

秦高级军吏俑是秦始皇兵马俑中级别最高的。他身穿双重长襦，外披彩色鱼鳞甲，头戴鹖冠，双手交叉垂落在腹前，拄着一柄长剑，形象威严庄重。

◄秦袖手俑

袖手俑头戴长冠，身穿长襦，腰上戴着革带，双手收在袖子里，表情恭谨，是秦代文官的形象。

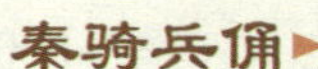

秦骑兵俑►

秦骑兵俑一共116件，每匹马前站着一件骑兵俑。骑兵俑右手牵马状，左手半握，似持兵器。

秦青铜天鹅▲

秦始皇陵出土的青铜水禽之一。这些青铜天鹅或立或卧，形态各异。工匠生动地捕捉了天鹅的优雅姿态，展现了秦代高超的青铜铸造工艺。

◄秦铜甬钟

秦代的青铜乐器，是将帅用来指挥作战的工具。长甬中空，钲（zhēng）间装饰着蟠螭纹，内壁光滑没有花纹。

# 殷墟博物馆

## 揭开商朝的神秘面纱

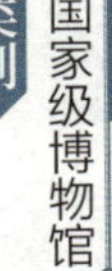


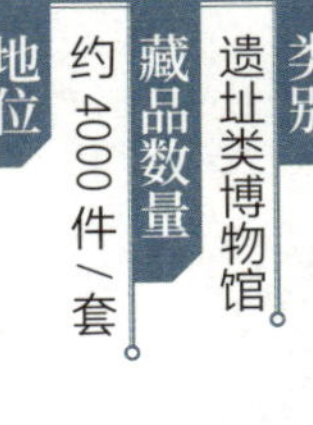

## 探秘殷墟——商朝的“家”

殷墟是什么？商朝时，商王盘庚迁都于北蒙，改名为“殷”，就是今天的河南省安阳市。殷墟是我国历史上第一个有文献可考，并且为考古发掘和甲骨文所证实的商代晚期都城遗址。

## 商文明的独特宝库

殷墟博物馆建于 2005 年，是一座地下博物馆。从空中俯瞰，博物馆的轮廓像极了甲骨文中的“洹”字，象征洹水对商代文明的孕育。新馆呈鼎形，矗立在水中央，古铜色的大门上方刻着甲骨文“大邑商”三个大字，宛如一座从商代穿越而来的青铜鼎。

## 不得不看的殷墟珍宝

殷墟，作为我国考古发掘次数最多、持续时间最长的古代都城遗址，被誉为“中国现代考古学的摇篮”。自 1950 年春天以来，这里出土了近 4000 件 / 套的文物精品，包括青铜器、陶器、玉器和甲骨等。

**“亚长”牛尊►**

殷墟发现唯一的牛形青铜器，牛身满饰龙、鸟、鱼等动物纹饰。牛面部铸有铭文“亚长”，亚长是商王朝南部“长”国的部落首领，也是地位仅次于妇好的将领。

**◄“司母辛”铜鼎**

商代青铜鼎，鼎内壁清晰刻有“司母辛”三字铭文。“辛”即妇好的庙号，妇好是商王武丁的妻子，“母辛”是子辈对其母辈的称谓。

**小屯南地 2172 号甲骨►**

一块残断的甲骨。它是殷墟小屯南地出土的 7000 余片甲骨中，代表性很强的一片。上方共保留了 93 个单字，记录着商王十次有关田猎是否有灾祸的占卜。

**◄陶三通**

目前发现唯一的陶质三通水管。发现时，两条水管交接处用陶三通连接，把四通八达的来水汇集到一个方向排出。排水管外直径有严格标准，分毫不差。

**“马危”折肩尊►**

商代青铜尊。出土时，器物口部被植物枝叶覆盖，叶片特征清晰，这在殷墟考古中极为罕见。

**◄铜鸮卣**

青铜卣，整体是由两只鸮鸟背靠背联体而成，盖子上装饰着鸮鸟面部的花纹。

# 良渚博物院

## 古玉之光

**等级** 国家一级博物馆

**类别** 社会科学类考古学专题博物馆

**藏品数量** 3266 件 / 套

**地位** 最佳公共建筑之一

## 5000 年前的水上王国

在浙江省杭州市余杭区，有一处隐秘的“水上王国”——良渚古城。良渚文化距今约 5300 至 4300 年，博物馆总占地面积 4 万余平方米。曾经良渚人在这里种植稻谷，蓄养家畜，建造房屋，兴修水利，将这里打造成了一个人间天堂。

良渚的意思是“美丽的水中陆地”。

## 良渚“1+3”

良渚文明中最值得一提的是，良渚先民已经开始用玉器举行祭祀活动，这表明良渚文化已经进入成熟文明和早期国家阶段。为了让参观者更好地了解这段历史，良渚国家考古遗址公园策划了名为“1+3”的立体展示体系。

“1”即 2008 年开放的良渚博物院。它位于浙江省杭州市余杭区良渚街道美丽洲公园内，由四个长长的建筑组成。远远看去，就像“一把玉锥散落在地上”。“3”则代表三个著名的遗址公园，分别是良渚古城遗址公园、瑶山遗址公园和老虎岭遗址公园。

2019 年，良渚古城遗址被列入《世界遗产名录》。

## 了解良渚文化的大学校

良渚博物院常规展览面积有 4000 多平方米，展出 600 多件 / 组珍贵文物，分为三个展厅：“水乡泽国”讲述了良渚人的生活；“文明圣地”展示了良渚古城的发现；“玉魂国魄”陈列着无数精美的玉器。

**◄良渚文化玉琮**

玉琮是良渚文明的核心礼器。此玉琮高 4.4 厘米，呈弧边方柱体，内圆孔象征“天圆地方”的宇宙观，孔壁略弧凸，四个转角各有一个角尺状凸块（凸面），并琢刻神兽纹。

**▲良渚文化双孔玉钺**

玉钺为良渚文化时期军事指挥权的象征。一般有长方梯形玉钺和扁方梯形玉钺两种类型，其最高形式一般由钺身、冠饰、端饰三部分组成。

此玉钺上端一角缺损，上端面留有双向片切割痕迹，其中中间部分还保留有断茬。

**◄刻鸟立高台符玉璧**

圆形玉璧，色彩斑驳。图案由立鸟、阶梯状高台和台内类似飞鸟的纹饰组成，描绘了神鸟低头停歇在高台上的场景。

**嵌玉漆杯►**

工艺极为复杂的良渚器物。杯体以漆器为主，表面嵌入玉片作为装饰。表面饰有重圈、螺旋纹等。

**刻符陶罐►**

圆形容器，外表因水锈而呈现大块红褐色。肩部刻有 8 个符号，内容连续，讲述了良渚先民用网和箭猎捕老虎的故事。

**◄神人兽面纹玉三叉形器**

良渚礼器，形状类似“山”字。它的表面雕刻着兽面纹，下端呈圆弧状，三段竖起的“叉”，中间矮，两边高，刻有羽状纹和卷云纹。

# 三星堆博物馆

## 古蜀文明的回眸

等级
国家一级博物馆

类别
遗址专题性博物馆

藏品数量
1500余件/套

地位
西南地区最大的遗址类博物馆单体建筑

### 苏醒的古国

大约5000年前，一群人从川西高原来到成都平原，定居下来，建立了一个神秘的王国，叫古蜀国。几千年后，人们于1986年7月18日，在四川省广汉市三星村的砖瓦厂工地，发现了大量玉石器。经过考古学家的清理，青铜人头像、青铜面具、金杖、金面具……各种从来没见过的宝贝一个接一个地冒了出来。

### 沉睡数千年，一醒惊天下

随着挖掘，遗址越来越大，东西也越来越多，最后形成了一个面积达12平方千米的古蜀国文化遗址，时间跨度从新石器晚期一直到商末周初。三星堆遗址的核心部分是三星堆古城，它有3.6平方千米，相当于五个紫禁城那么大！三星堆遗址是20世纪人类最伟大的考古发现之一，被誉为“长江文明之源”。

### 古蜀宝藏的大本营

三星堆博物馆是首批国家一级博物馆，位于三星堆遗址东北角的鸭子河畔。目前，博物馆的展陈面积有2.2万平方米，展出1500多件/套文物，包括陶器、青铜器、玉石器、金器、象牙等，这些都是从三星堆遗址里挖出来的珍宝。

### ◄商青铜神树

三星堆博物馆的标志性文物之一，I 号神树是目前已知最大的单件青铜文物。神树树干分三层，每层三枝，九只鸟栖息枝头，右下侧有一条龙沿树干蜿蜒而下。

### 商青铜大立人像►

现存最高、最完整的青铜立人像。立人像双手环握，双臂平举，脚踏方台，头戴高冠，身着三层衣饰，造型威严庄重。

### ◄商金杖

中国目前发现的商代金器中最大、最重的稀世珍宝。金杖用金条捶打成金箔后，包卷在木杖上。金杖上的鱼、鸟、人首等图案，象征着王权和神权。

### 商青铜神坛▼

三星堆最为神秘的青铜神器之一。一共分为许多层，底部塑造着猛兽，第二层为四个大立人，第三层为高山，最上层镂空雕刻着一群古蜀人。

### 商青铜纵目面具►

三星堆出土的形体最大的青铜面具之一，被称为“面具之王”。面部方正，眉毛上挑，柱状的眼球外凸，口角上扬。其独特的造型可能与古蜀神话中的蚕丛有关。

### ◄商青铜太阳形器

三星堆出土器物中最具神秘性的器物。像一个车轮一样，中心为圆形，四周有五道芒刺，最外边是一个圆圈，将五道光芒连在一起。

# 金沙遗址博物馆

## 太阳神鸟带来的光辉

等级：国家一级博物馆

类别：遗址博物馆

藏品数量：万余件

地位：首批国家考古遗址公园

### 三星堆的“续集”来了！

2001 年 2 月，四川省成都市苏坡乡金沙村，工人们在修路时，意外发现了大量石器、玉器和象牙。终于，在沉睡了 3000 年后，这些珍贵文物揭开了“金沙遗址”的神秘面纱。那是在距今约 3200 年至 2600 年前，金沙是古蜀王国的都城所在，比三星堆更晚，堪称古蜀文明的“续篇”。

### 古蜀文明的保险箱

成都市青羊区金沙遗址路 2 号，是金沙文物出土的地方，也是金沙遗址博物馆落成之处。2007 年 4 月，博物馆正式开馆，分为遗迹馆和陈列馆两大区域。其中，遗迹馆建立在中国迄今发现的延续时间最长、保存最完好、祭祀礼器埋藏最丰富的古代遗存之上。

### 闪瞎眼的金沙珍宝

金沙遗址出土的金器有 200 多件，是中国出土金器数量最大、种类最多的先秦遗址。不仅如此，这里还发现了成吨的象牙，以及大量铜器、玉器、石器、陶片……目前金沙遗址博物馆收藏文物万余件，一级文物 364 件。其中，那枚仅有 0.2 毫米厚度的“太阳神鸟”金箔最耀眼。

### ◂太阳神鸟金饰

金沙遗址博物馆的标志性文物之一，中国文化遗产标志的原型。器身极薄，图案镂空，内层为十二芒太阳纹，外层是四只逆时针飞行的鸟，取意“金乌负日”。

### 商周大金面具▾

国内发现的同时期形体最大、保存最完整的金面具。面具近方形，高鼻梁、大眼睛、凸眉毛，嘴巴微张，耳朵外展。风格与三星堆青铜面具相似。

### ◂十节青玉琮

古蜀人用于祭祀的重要礼器。是一段翠绿色的长方柱体，分为十节，每节刻有纹饰，包括人面纹和动物纹。

### ◂商周铜鸟

金沙遗址出土的青铜器代表之一。铜鸟瞪着大圆眼，高昂头颅，贴在身体两侧的翅膀微微上翘，一副雄赳赳气昂昂的样子。

### 商周跪坐石人像▸

一组造型相似的雕刻人像。这些石头人大都戴着方形的发饰，脑后有辫发两束，面部表情丰富。不过，他们的双手在背后交叉，好像被绑住了一样。

# 探秘考古遗址

遗址，指的是人类活动的遗迹。随着历史滚滚向前，这些曾经有人生活的地方，逐渐被风沙掩埋，有的甚至沉入了地下。而考古专家们要做的，就是找到这些失落的文明痕迹，从残缺的遗址中，探寻出璀璨的中华文明。

## 陕西西安半坡遗址

1953年，中国科学院考古研究所的专家们，来到陕西省西安市的半坡村进行考察。通过一些彩陶碎片的线索，确认了这里真的存在过一个母系氏族社会。就这样，属于仰韶文明的半坡遗址横空出世。

生活在6000多年前的半坡人，有着和现代人截然不同的生活方式。他们有的住在圆溜溜的房子里，把墙壁打磨得一顺到底。有的则更喜欢方方正正的半地下室。聪明的半坡人已经学会将食物或者工具储藏在窖穴里防止丢失。更了不起的是，他们还会开展丰富多彩的祭祀活动。

## 河南渑池仰韶村遗址

1921 年，瑞典学者安特生与其助手前往渑池县仰韶村，本意是调查脊椎动物的化石，却意外发现了大量磨制石器和灰坑。同年 10—12 月，仰韶村出土了大批珍贵文物，被确认是新石器时代的遗址。这次发现及以后发现的同类遗存被命名为“仰韶文化”。

仰韶文化时期，原始农业有了很大的发展，人们种植、渔猎、采集，已经过上了稳定的定居生活，村落也普遍建立起来。新奇的是，在 5000 多年前，他们的建筑除了运用常见的红烧土之外，还运用到了与现代工艺相似的“混凝土”，这说明那时的先民们已经掌握了较为先进的房屋建筑技术。

## 二里头夏都遗址博物馆

二里头文化的年代距今大概有 3000 多年，相当于古代文献中记载的夏、商时期。1959 年夏天，考古学家徐旭生先生在豫西考察时，意外发现了二里头遗址，从此便揭开了这一神秘文化的面纱。考古学家们在二里头遗址中发现了中国最早的“紫禁城”、最早的青铜礼器群，以及最早的绿松石器群等诸多“中国之最”，这表示“国家”的概念在当时已经出现，并且也形成了完善的礼乐制度。如今，二里头遗址的发掘工作仍在继续。

2019 年，二里头夏都遗址博物馆建成并对外开放，馆藏 3.5 万余件珍贵文物，其以二里头遗址近 4000 年的文化积淀，成为展示华夏第一王都的平台。

## 法门寺博物馆

法门寺始建于东汉末年，距今有1800多年的历史，被称为“关中塔庙始祖”，古称“阿育王寺”。历经多次改名，最终在唐高祖时定名“法门寺”。它被称为皇家寺庙，寺中安置着释迦牟尼佛的指骨舍利，是举国仰望的佛教圣地。

法门寺的地宫是目前所见的最大的塔下地宫。1987年，拆除明代残塔时，法门寺唐塔地宫从1113年的沉睡中苏醒，里面出土了释迦牟尼佛的指骨舍利、铜浮屠、八重宝函等2000多件大唐珍宝，震惊世界。1987年，法门寺博物馆建成，馆内藏品类别有金银器、琉璃器、瓷器等，共有9000余件。

## 南昌汉代海昏侯国遗址博物馆

海昏侯是西汉所封爵位，后世代承袭共4代，一直延续到了东汉。海昏侯国遗址的年代至少为公元前63年至东汉末年，是我国目前发现的面积最大、保存最好、格局最完整、内涵最为丰富的典型汉代列侯国都城聚落遗址。

第一代海昏侯刘贺的墓是我国迄今发现的保存最好、结构最完整、功能布局最清晰、拥有最完备祭祀体系、内涵最丰富的西汉列侯墓园遗址。其中出土的诸多文物，为我们生动形象地重现了西汉时期高等贵族的生活。南昌汉代海昏侯国遗址博物馆于2020年9月对外开放，是国家一级博物馆，共有金器、青铜器、简牍等各类藏品5万余件/套。

## 南越王博物院

1983年6月，广东省广州市越秀山西侧一座名为象岗的小山岗上，发现了一座神秘大墓。经发掘，发现这正是西汉南越

文王的墓。南越又名南粤，是古代越人的一支。南越国时期，岭南人民住在房屋下有柱子支撑的“干栏式建筑”里，下面用围栏拦起，用来饲养猪、牛、羊等家禽。他们有着占卜、文身、赛龙舟等风俗，语言、音乐、舞蹈等与中原地区也有很大不同，具有浓厚的岭南特色。

南越王博物院是国家一级博物馆，由原西汉南越王博物馆和原南越王宫博物馆合并而成，成立于 2021 年 9 月 8 日，分为王墓和王宫两个展区，集中展现了秦汉时期岭南地区的社会发展状况。其中“文帝行玺”金印、角形玉杯、丝缕玉衣等具有重要历史价值。

## 景德镇御窑博物院

明代时，明太祖朱元璋在景德镇建立了一个御窑厂，它就是后来的景德镇御窑厂。御窑就是专门给皇家做瓷器的地方。景德镇御窑厂为皇家工作了大约 600 年，在康熙、雍正、乾隆三朝到达顶峰，生产出许多精美的瓷器，如珐琅彩、粉彩等。可惜到了清末，国家动乱，御窑厂就慢慢衰落了。1911 年清朝灭亡，御窑厂也就结束了它的历史使命。

2019 年，景德镇御窑博物院正式开放。它位于江西省景德镇市中心的莲花塘风景区，博物馆的设计借鉴了蛋形柴窑构造，由 8 个大小不一的砖拱形红砖建筑组成。现如今，博物院里有 5000 多套藏品，多为御窑厂遗址出土文物标本及复原器。

## 周口店遗址博物馆

周口店遗址位于北京房山区龙骨山，曾是 70 万至 3 万年前左右古人类的栖息地。1929 年，中国古人类学家裴文中在此发掘出第一颗完整的“北京猿人”头盖骨化石，被誉为“20 世纪最伟大的考古发现”。此后，这里陆续发现了距今 20 万年的早期智人和 3 万年前左右的“山顶洞人”化石。

1953 年周口店遗址博物馆建立，粗粝的灰白色建筑外立面灵感源自遗址出土的石器，预示着人类文明的起点。

## 汉景帝阳陵博物院

汉阳陵是西汉景帝刘启和王皇后的陵墓，修建时间长达 28 年，是现存最完整的西汉帝王合葬陵园。1999 年，汉景帝阳陵博物院建成开放，共有展示文物 1 万余件。现为国家一级博物馆，并入选 2024 年“文物古迹类博物馆海外影响力十强”。

## 乾陵博物馆

在陕西省咸阳市有一座梁山，主峰中藏着全世界唯一的夫妇皇帝合葬陵——乾陵。乾陵是唐高宗李治与武则天的合葬陵。陵园完全仿照唐长安城布局建造，地宫入口藏在山体内部，历经千年仍未被盗掘。乾陵博物馆位于乾陵脚下，1978 年建馆以来，这里收藏了从 5 座陪葬墓出土的 4000 多件文物。

## 广东海上丝绸之路博物馆

南宋初年，一艘满载商品的货船，从泉州港出发，经过广东省台山市海域时，不知遇到了什么，竟然沉没了。它在海底一躺就是 800 多年，直到 1987 年才被人们发现，并被命名为“南海一号”。学者们花了整整 20 年的时间，终于在 2007 年，成功地将“南海一号”整体打捞出水。“南海一号”是迄今为止世界上发现的海上沉船中年代最早、船体最大、保存最完整的远洋贸易商船，船上发掘出 18 万多件宝物，包括金器、银器、铜器、瓷器和玉器等。

为了妥善安置“南海一号”，在广东省阳江市海陵岛的十里银滩上，建造了广东海上丝绸之路博物馆。这是中国第一个专门研究水下考古的博物馆。博物馆里最大的展厅就是为“南海一号”量身定制的“水晶宫”。“水晶宫”是一个深达 12 米的巨大玻璃缸，装满了与沉船原生存环境相同的海水，确保“南海一号”住得舒服。

## 大足石刻博物馆

唐肃宗曾在巴蜀地区设置大足县（今重庆市大足区），境内分布着141处摩崖造像，统称为“大足石刻”。其开凿始于初唐永徽年间，历经晚唐、五代，盛于两宋，形成规模宏大的石刻群。这些造像题材丰富，集儒释道三教于一体。为了系统保护与管理文物，1952年成立大足县文物保管委员会，下设石刻保管所，后发展为现今的大足石刻博物馆。

## 南京大报恩寺遗址博物馆

三国时期，孙权在南京长干里修建了建初寺及阿育王塔，便是大报恩寺前身，也是江南佛教的开端。永乐年间明成祖朱棣为纪念父母重建大报恩寺，并建九层琉璃宝塔。此塔高约80米，被誉为“天下第一塔”及中世纪“世界七大奇迹”之一。

后该寺历经数次战火，在清末几乎成为废墟。2008年从其遗址长干寺地宫中出土了“佛顶真骨”“感应舍利”及“七宝阿育王塔”等圣物。为了保护遗址文物，修建了大报恩寺遗址博物馆。

## 杭州市萧山跨湖桥遗址博物馆

1990年5月，浙江学生于湘湖偶然发现石器和骨器，“跨湖桥遗址”自此面世。经测定显示此处出土的文物距今7000—8000年，甚至比河姆渡文化早1000年。在不断的发掘中，一艘独木舟横空出世，是目前已知年代最早的独木舟实物，被称作“中华第一舟”。这表明跨湖桥先民已经拥有制作与修缮独木舟的一系列完整技术。

2006年5月，跨湖桥遗址成为第六批全国重点文物保护单位。2009年跨湖桥遗址博物馆正式开馆。

# 首都博物馆

## 千年古都，文化之窗

**等级** 国家一级博物馆
**类别** 综合性博物馆
**藏品数量** 20多万件
**地位** “国内一流，国际先进”的博物馆之一

## 3000岁老城

北京城这位“历史老人”起码有着3000岁的高龄。它的建城历史可以追溯到西周时期。春秋时，北京成为燕国的都城，称为蓟城。到了元朝，忽必烈又把都城设置在这里，直至明清，北京的地位一直不容小觑。而那些见证过王朝更替的文物，如今都静静地躺在首都博物馆里，等待你去观赏。

## 藏在胡同里的博物馆

首都博物馆简称首博，1981年首次正式对外开放，原馆址位于北京孔庙。新馆于2006年正式开馆，位于北京市西城区复兴门外大街16号，就在西长安街的西延长线上。首都博物馆是新世纪北京市的标志性建筑之一。2008年，首都博物馆被选为奥运重点接待场馆。

## 20多万件文物讲述城市变形记

首都博物馆由两个互不连接的部分组成，一个是方厅，另一个是圆厅。馆内的20多万件藏品，涵盖了从史前到明清各个历史阶段，见证了北京从一个古老的村落逐步发展成为今天的国际大都市。

**伯矩鬲**

西周初期的青铜礼器。盖顶的两只牛背对背站立，鬲身上装饰着牛头的纹样。它的内壁上铸有铭文，记录了匽侯对贵族伯矩的赏赐。

**堇鼎**

北京地区出土的青铜礼器中体形最大、最重的一件。鼎身饰有简洁的兽面纹和弦纹，鼎内铭文记录了匽侯赏赐堇饴的史实。

**班簋**

西周中期青铜器。器身有四个兽首环耳，以内卷象鼻为足。器腹内底铭文 198 字，记录了贵族“班”追随“毛公”东征的史实。

**景德镇窑青花凤首扁壶**

元代青花瓷中的珍品。以凤鸟为造型，凤首为流，凤尾为柄，凤身绘于壶体上部，双翅垂至两侧。

**景德镇青白釉水月观音菩萨像**

元代景德镇瓷器。通体施青白釉，釉色白中泛青。观音头戴宝冠，身披璎珞，右腿支起，左腿下垂，右臂放在右膝上。这种姿势的观音一般称为水月观音。

**明成化斗彩葡萄纹杯**

明代斗彩瓷中的精品。外壁绘葡萄、桑葚、竹子等图案，色彩有绿、黄、紫等，浓淡相宜。

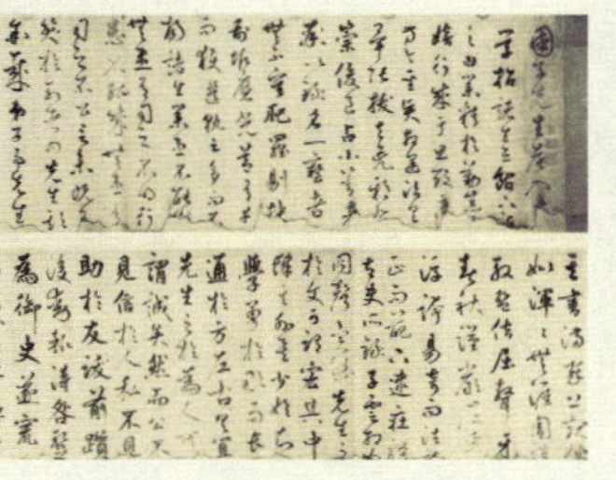

**鲜于枢行草书卷**

元代书法家鲜于枢的行草，全卷融合草、行、楷三种书体，书写了韩愈的《进学解》，笔法自由流畅。

# 天津博物馆（天津文博院）

等级 国家一级博物馆
类别 历史艺术类综合性博物馆
藏品数量 约 20 万件 / 套
地位 公益一类事业单位

## 漫步海河之畔

## 从货船甲板长出的城市

“天津”就是“天子渡口”。它地处河流于海洋的交汇处，作为北方最大的港口城市，自唐代中叶起便是北方航运枢纽。只不过直到明成祖朱棣一声令下，它才真正从码头蜕变成城市。从此，它的生日就定在了明永乐二年（公元 1404 年）十一月二十一日，也是中国古代唯一有确切建城时间的城市。

## 天津的记忆

天津博物馆的前身可追溯到 1918 年成立的天津博物院。如今的天津博物馆，坐落于天津市河西区的文化中心，北面紧邻湖泊，南面则与城市的繁忙街道相连。总建筑面积达 64003 万平方米，馆藏文物近 20 万件 / 套，尤以甲骨文和青铜器为代表。

天津博物馆里的 1800 多件甲骨中，有 800 多件来自甲骨学家王襄的捐献，他是中国“发现和收藏甲骨文第一人”。

## 西周太保鼎

唯一保存在国内的“梁山七器”。方鼎圆足，兽形浮雕装饰双耳，腹部刻蕉叶纹和饕餮纹，内壁铸“大保铸”三字铭文。

## 隋白釉双龙柄联腹传瓶

隋代白瓷。双腹连接在一起，肩部左右各有一条修长的龙形柄，龙头探入瓶口内。双平底刻有铭文。

## 宋范宽《雪景寒林图》

绢本水墨画，中国内地现存唯一的范宽真迹。画面以三拼绢绘制，笔墨浓重润泽，描绘了北方冬日雪后山川的壮美景象。

## 清乾隆款珐琅彩芍药雉鸡图玉壶春瓶

清乾隆时期瓷器的杰出代表，集诗、书、画、印于一身。用珐琅彩绘制芍药雉鸡图，空白处有诗文，瓶底有“乾隆年制”四字方款。

## 元青玉翼龙纹双耳壶

元代宫廷玉器中的珍品。壶呈椭圆体，两侧有耳，通体雕琢纹饰，分为六层，云纹、草叶纹、翼龙、海水、莲花瓣纹等交相呼应。

## 西周夔纹禁

中国出土的铜禁中形体最大的一件。整体呈扁平立体长方形，中空无底，四周饰有夔纹。

## 楚王酓（ān）忓鼎

被誉为“南北楚器之冠”。盖子上铸造一环三钮，钮呈鸟形。鼎底三足呈现兽蹄形。鼎身刻有铭文，记载了楚幽王铸成此鼎并用于祭祀的史实。

# 山西博物院

## 解锁三晋大地历史宝盒

等级：国家一级博物馆

类别：综合性博物馆

藏品数量：658253 件 / 套

地位：第一批全国古籍重点保护单位

## 晋地传奇

山西位于太行山脉西侧，简称“晋”。西周时期，周成王的弟弟唐叔虞被分封到这片土地，建立了晋国。此后，38 位国君用 600 多年时间，在黄土上书写着晋文化，晋国也从巴掌大的小国，成长为春秋时战车千乘的霸主。最终，这片土地以“晋”之名载入春秋风云录。直到战国初期，“三家分晋”，晋国的统治才结束。

## 山西博物院

山西博物院位于山西省太原市滨河西路北段 13 号。远远看去，主馆有四层，方正的馆舍拔地而起，既像斗又像鼎，“斗”象征丰收喜悦，“鼎”象征安定吉祥。另外，山西博物院还采用传统的院落组合手法，在主馆的四角各设置了一个辅楼。

## 回响的晋国乐章

山西博物院以“晋魂”为主题，展现了“晋地”从古至今的变迁。其中“晋国霸业”展馆内的大多数展品，都来自晋侯墓地的陪葬品。那些展柜中的青铜器，仿佛还带着晋侯下葬时的温热；那些清脆碰撞的玉组佩，仿佛正诉说着诸侯会盟的誓言……

**龙形觥**

存世孤品，被称为“国宝中的珍宝”。酒器整体看上去像是一艘龙形小船，前端为龙首形，遍布精美图案，涡旋纹、云纹、鼍（tuó）纹、夔龙纹等均能找到。

**西周晋侯稣钟（部分）**

西周中期青铜编钟。共16枚，分两组刻有355字铭文，叙述了周厉王三十三年，晋侯稣随周厉王亲征东国、南国的史实。

**晋侯鸟尊**

青铜礼器。整体铸造为一只伫立回眸的凤鸟，背上背着一小鸟。凤鸟向下弯曲的尾部形成一只象首，与双腿一起形成三点支撑。器身布满羽片纹、云纹等纹饰。

**程哲碑**

集造像与书法双绝于一体的东魏石刻。碑阴刻程哲发愿文，记述程氏家族历史功绩，书法气象博大。碑石上雕刻一个释迦坐像。

**虞弘墓汉白玉石椁（guǒ）椁身**

隋代中西文化交流的重要物证。石椁由底座、椁身、椁顶三部分组成。整尊椁上浮雕画施彩并局部描金，描绘了歌舞盛宴、狩猎骑射等生活场景。

# 湖北博物馆

## 楚国八百年

等级：国家一级博物馆

类别：综合类博物馆

藏品数量：46 万余件 / 套

地位：全国古籍重点保护单位

### 荆楚之地

你一定听说过关羽大意失荆州的故事吧？其实，荆州大部分位于今天的湖北省内。相传，楚国的先祖鬻（yù）熊的妻子妣（bǐ）厉难产，生下儿子熊丽后就去世了。巫师用荆条包裹她的尸体，埋葬了她。后来鬻熊与妣厉的后代自称“楚人”，建立了楚国，又称“荆国”，所以，湖北也被称为“荆楚大地”。楚国在春秋战国时期也是个强国，创造了绚烂的漆器文化、青铜器文化……

### 东湖旁的楚国宫殿

湖北省博物馆位于湖北省武汉市武昌区东湖路 160 号，依偎着秀丽的东湖。湖北是楚文化的发祥地，所以湖北博物馆被建成楚国宫殿“层台累榭”的样子。瞧，中间最大的宫殿是年纪最大的综合陈列馆，它有着高高的台基和宽阔的屋檐。一个大屋顶像倒扣在地上的“斗”，名为“覆斗”式屋顶。综合陈列馆的左右两侧是楚文化馆和编钟馆，三座宫殿组合在一起，共同构成了一个“品”字形。

### 不得不看的荆楚文化

我国有 8 个国家级博物馆，湖北省博物馆就是其中之一。作为国家级博物馆，它的“肚”里当然得有货。据统计，湖北博物馆现有藏品 46 万余件 / 套，其中一级文物就有 1095 件 / 套。馆内以曾侯乙墓出土文物、楚文化文物等为特色，在研究中国古代音乐、文化等方面具有重要价值。

◀曾侯乙编钟

战国早期青铜乐器，被誉为“稀世之宝”。全套共65件，分三层八组悬挂在曲尺形铜木结构钟架上，其中一件镈钟是楚惠王赠送给曾侯乙的。这套编钟音域跨五个半八度，十二个半音齐备，能够旋宫转调。其高超的铸造技术和卓越的音乐性能，改写了世界音乐史。

越王勾践剑▶

越王勾践剑被誉为“天下第一剑”。青铜剑历经2500余年却依旧纹饰清晰，寒光逼人。它在出土时插在漆木剑鞘里，出鞘时扔然寒光闪闪，耀人眼目。

◀曾侯乙尊盘

尊盘由尊和盘两件器物组成，尊是酒器，盘是水器。整个尊体共装饰有28条龙、32条蟠螭；整个盘体装饰56条龙、蟠螭48条。

郧县人头骨化石▶

这两具古人类头骨化石，来自约100万年前，属于直立人类型，是迄今欧亚内陆发现的同时代最为完好的古人类头骨化石之一。

◀元青花四爱图梅瓶

被誉为“陶瓷中的熊猫”。此瓶腹部分别绘有《王羲之爱兰图》《陶渊明爱菊图》《周敦颐爱莲图》《林和靖爱梅鹤图》四组图案。

崇阳铜鼓▶

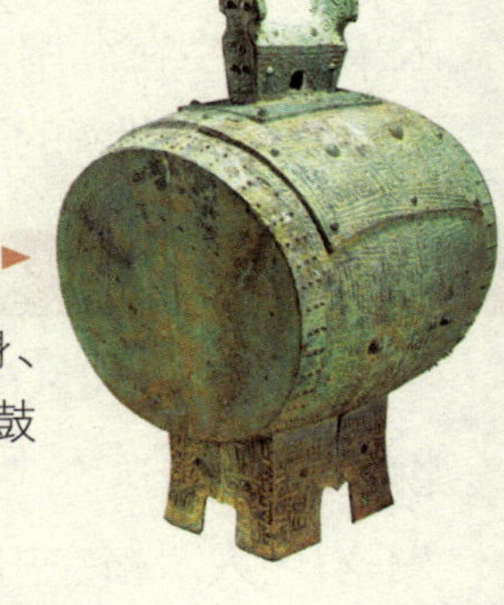

我国目前所见最早的铜鼓。由鼓冠、鼓身、鼓座三部分组成。表面饰有云雷纹和乳钉纹，鼓冠呈马鞍形，中间有个便于悬挂的圆孔。

◀虎座鸟架鼓

目前楚墓出土的最大虎座凤架鼓。鼓的底座是两只抬头卷尾的卧虎，虎背上各站着一只长腿凤鸟，凤鸟抬头好像在鸣叫。鼓身涂有黑漆，上面有红、黄色彩绘。

彩绘人物车马出行图▶

这是一组画在漆器外壁的“连环画”。描绘了战国时期贵族车马出行的场景，以五棵随风摇曳的柳树分隔画面，共有人物26个。

# 湖南博物院

## 博物馆也是“湘妹子”

**等级** 国家一级博物馆

**类别** 历史艺术类博物馆

**藏品数量** 54万余件/套

**地位** 湖南省最大的历史艺术类博物馆

## 洞庭南岸，湘水美人

“舜南巡葬于九嶷山”“娥皇女英泪洒斑竹”“屈原投江”……这些耳熟能详的故事都发生在湖南。湖南位于洞庭湖以南，流经此地的湘江就像一条碧玉腰带，贯穿南北。湖南的简称“湘”，便是由此而来。

## 轰动世界的“睡美人”

早在1897年（清光绪二十三年），湖南就在博物馆界“抢跑”，尝试建立博物院。可惜这个“老前辈”空有资历，却少了镇馆之宝。直到1972年，一位“千岁佳人”横空出世，轰动了全世界！她就是来自汉代的辛追夫人。辛追夫人墓的发现，让湖南博物馆直接跻身一流博物馆的行列。

## 湖湘珍宝

湖南博物院是湖南省最大的博物馆，院舍总面积有112469平方米，里面住着54万余件/套文物。众多文物中，最耀眼的莫过于马王堆汉墓出土的文物，共有3000多件，被誉为20世纪最重大的考古发现之一！

◀**直裾素纱禅衣**

素纱禅衣是现存年代最早、保存最完整、最轻薄的丝织品。以素纱为面料，无衬里和颜色，仅重 49 克，轻若烟雾，薄如蝉翼。

**马王堆一号汉墓 T 形帛画**▶

T 形帛画覆盖于内棺盖板上，是出丧时的“幡”，用于引魂升天。画面分为天上、人间、地下三部分：天上有日月、飞龙，人间绘墓主人升天场景，地下绘巨人托举大地。

◀**大禾人面纹方鼎**

中国唯一以人面纹为饰的青铜鼎。鼎的四面装饰有高浮雕的人面纹，人面五官写实。鼎腹的内壁铸有“大禾”二字铭文，可能与古时候的祭祀或祈求丰收有关。

◀**马王堆一号墓木棺椁**

目前发现的最大、最完整的汉代井字形棺椁，由椁室和四层套棺组成。其结构纯靠扣接、榫卯和栓钉固定，全套未见金属钉。

**商代青铜皿方罍**▶

被誉为“方罍之王”。全身以云雷纹为底，上面装饰有兽面纹、夔龙纹和凤鸟纹。在它的腹部下方，还有个兽头形状的把手。

▲**马王堆汉墓女尸**

这具在湖南长沙出土的千年女尸大约 50 岁，身高 1.54 米，是汉代长沙国丞相利苍的妻子辛追夫人。她保存完好，被称为“东方睡美人”。

◀**印花敷彩丝绵袍**

西汉时期在女性间流行的一种服饰。外观清雅，华丽精美。

# 博物馆里的兵器

从威震山林的皇家猎虎枪，到见证青铜文明的柳叶剑；从“貌不惊人”的中华第一剑，到吴越争霸的传奇矛；从精巧的远射弩机，到西周贵族的贴身短剑——这些兵器不仅是冷兵器时代的“硬核科技”，更是穿越千年的历史信使。它们或锋芒毕露，或工艺精湛，每一把都藏着一段波澜壮阔的故事，快来看看这些“古代武器界”的明星吧！

### 木柄阿虎枪　故宫博物院藏►

这是一杆 249 厘米长的巨型长枪。枪头尖锐锋利，即便面对坚韧的虎皮、坚硬的虎骨，也能一击刺穿。枪头下还有一段鹿角棒，这是为了防止枪头刺进猎物身体里太深拔不出来。

### ◄商代青铜兵器　中国国家博物馆藏

国博收藏了近百件商代青铜兵器，包括戈、矛、钺、刀等。这些兵器铸造精美，部分兵器上还带有族氏铭文和复杂的纹饰，它们不仅是古代战争的工具，更是研究商代军事、文化和青铜铸造技术的重要资料。

### 玉柄铁剑　河南博物院藏►

这把神似烤焦的红薯的青铜剑，实则是大名鼎鼎的“中华第一剑”！原来，它是我国出土的最早的人工冶铁制品，剑身采用块炼渗碳钢工艺，硬度高且锋利。它的剑柄由和田青玉制成，上面雕刻着竹节一般的纹理，造型精美。正是这把剑的出土，将中国人工冶铁的历史向前推进了近两个世纪。

### ◄吴王夫差矛　湖北省博物馆藏

它是吴王夫差的御用宝矛，与名扬天下的越王勾践剑比肩。它和小臂差不多长，矛身上“吴王夫差自作用鋛”的铭文，显示着它尊贵的身份。这把王者之矛的正反两面都开着血槽，矛刃锋利异常，表面装饰着黑色的菱形花纹。可以说集颜值与实力于一身。

◄**青铜弩机　兰州市博物馆藏**

这是一件战国至汉代的远射兵器，由弩机、竹弓、木臂及丝弦组成。弩机具有瞄准与发射双重功能，不仅设计精巧，而且杀伤力极大，是当时士兵的主要远射兵器，就连皮甲也难以抵挡其强大的穿透力。直到1100年，弩机才从中国传入欧洲。

**青铜箭镞　兰州市博物馆藏**►

青铜箭镞是战国时期的兵器，用青铜和铁两种材料打造而成。前面的箭头锋利无比，尾部的铁杆则方便插入木箭杆，让整个箭更加结实耐用。这种复合设计，在当时是非常先进的。

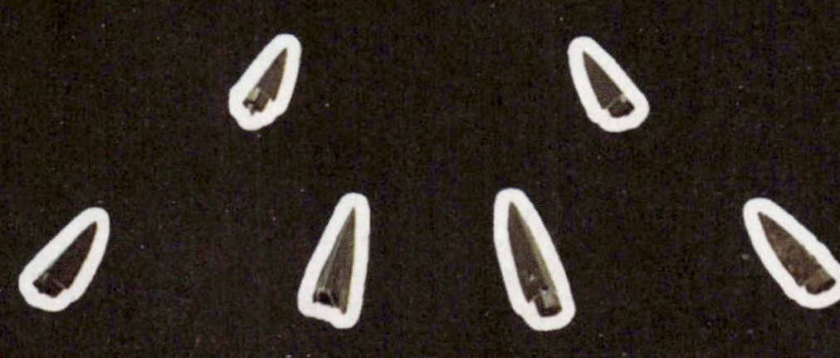

◄**镂空鞘青铜短剑　甘肃省博物馆藏**

这是一把西周时期的青铜短剑，剑身像竹叶一样精巧漂亮。剑鞘上装饰着镂空蟠蛇纹和藤状植物纹，鞘口两边各有一只小犀牛，生动而神秘。这把短剑可以挂在腰上，既彰显着主人的威严与高贵，又便于取用。无论是近身搏斗，还是应急自卫，都能轻松应付。

**剑与剑鞘　首都博物馆藏**►

这是一把西周早期的青铜剑，也是中原文化中最早的青铜剑之一，和北方民族的青铜短剑有着明显的区别。它的剑刃薄而锋利，呈柳叶形，但是剑柄处需要包上木片或者织物，才能握得住。因为用青铜制作剑鞘的形式颇为罕见，所以它的主人或许是一位西周的贵族。

# 四川博物院

## 连接蜀地，古今传承

等级
国家一级博物馆

类别
综合性博物馆

藏品数量
35 万余件 / 套

地位
西南地区最大的综合性博物馆

### 天府之国

四川位于西南地区，背靠青藏高原，东望长江三峡，南临云贵高原，北连大巴山脉。它既有雄伟的高山、奔腾的江河，也有广袤的盆地、温和的气候，是名副其实的“天府之国”。复杂的地形，孕育了多样的文化——这里，不仅是大熊猫的故乡，也是 56 个民族共同生活的地方。

### 巴蜀聚宝盆

四川博物院位于成都市浣花溪历史文化风景区，始建于 1941 年，曾名“川西博物馆”，1952 年更名为“四川博物馆”。2009 年新馆落成后正式更名为“四川博物院”，成为西南地区最大的综合性博物馆。全四川的文物都汇集于此，大名鼎鼎的三星堆和金沙遗迹出土的一些文物也在这里安家落户。

### 巴蜀珍宝这里看

四川博物院是巴蜀文化的“藏宝库”，现有院藏文物 35 万余件 / 套，其中珍贵文物 7 万余件，以巴蜀青铜器、张大千绘画作品、汉代陶石艺术等最为出名。

◄西周象首耳卷体夔纹铜罍

西周青铜器。造型上有盔形盖、立体象首耳等，纹饰瑰丽繁缛。

水陆攻战纹铜壶►

战国时期的铜壶，采用精湛的嵌错工艺，表面画有采桑、宴乐、攻战等场景，是研究战国社会文化的珍贵文物。

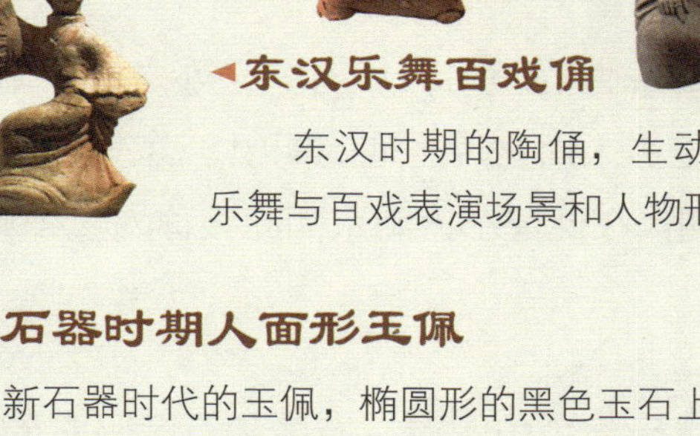

◄东汉乐舞百戏俑

东汉时期的陶俑，生动展现乐舞与百戏表演场景和人物形态。

◄新石器时期人面形玉佩

新石器时代的玉佩，椭圆形的黑色玉石上，刻画着一张人脸。这张脸象征着神灵或者祖先，有装饰、辟邪的含义。

五代前蜀王建玉大带▲

玉制成的腰带，上面雕有龙纹戏珠的场景。尾部的铭文记录了火中得玉制带的故事。

◄清格萨尔唐卡

清代绘制的唐卡，以藏族英雄史诗《格萨尔》为题材，工艺精美、色彩艳丽。

# 南京博物院

## 六朝烟雨在金陵

等级
国家一级博物馆

类别
综合性博物馆

藏品数量
43 万余件 / 套

地位
首批文化部重点实验室

## 六朝古都梦

南京，这座古老而充满魅力的城市，从历史深处走来。建康、建邺、金陵、江宁……这些古称，承载着古人对这片土地的期望。东吴、东晋、南朝宋、南朝齐、南朝梁、南朝陈六个朝代在此建都，南京因此被称为“六朝古都”。

## 漫步一院六馆

南京博物院坐落于南京市紫金山南麓，占地 7 万余平方米，脱胎于“国立中央博物院筹备处”，是中国三大博物馆之一，也是中国最早创建的博物馆。南京博物院拥有体系庞大的“一院六馆”，历史馆、艺术馆、数字馆、民国馆、非遗馆和特展馆各具风格。

## 大殿也是宝贝

论起南京博物院里最珍贵的宝贝，少不了这座古色古香的大殿。一排排红色立柱，整齐地排列。屋顶上赭色的琉璃瓦，在阳光的照耀下，闪闪发光。那九开间庑殿顶的样式，是古代皇家宫殿才能使用的最高级形制。

## 不得不看的金陵至宝

南京博物院藏品丰富，从旧石器时代文物到现当代展品，既有皇家珍藏，又有民间宝物，涵盖文物、书画、陶瓷等类别，不乏难得一见的珍品。

## 竹林七贤与荣启期砖画▲

我国发现最早、保存最好的大型人物画像砖实物，分为左右两部分，分别描绘了春秋时期的隐士荣启期与竹林七贤在林中席地而坐的场景。

## 战国末错金银铜壶►

战国中期的容酒器，器身上一共有三层镂空网套。网套装饰着蟠螭和梅花钉。圈足外刻着“陈璋伐匽（燕）之获”，记录了公元前 315 年齐国与燕国的战争。

## ◄东汉“广陵王玺”金印

迄今发现的唯一汉代刘姓诸侯王印玺。由高纯度黄金制成，龟纽精致。

## 汉代错银铜牛灯►

汉代皇室用的铜灯。整体塑造成一头健壮的铜牛，双耳冲天，怒目圆瞪。巧妙地以水溶烟设计，早于西方的无烟灯 1500 多年。

## ◄金蝉玉叶饰件

明代玉器代表作，以精巧的技艺打破明代玉器粗笨的总体印象。此饰品不过手掌大小，却塑造出一金蝉栖息于玉叶之上的生动场景。

## 明洪武釉里红三友带盖瓷梅瓶►

现存唯一带盖且保存完好的明洪武釉里红梅瓶。瓶身绘有松、竹、梅图案，釉色温润。

## ◄徐渭《杂花图》卷

明代画家徐渭绘制的泼墨画。徐渭是古代写意花鸟画集大成者，他以狂草笔法入画，将牡丹、石榴、荷花等十多种花卉蔬果绘于一卷。

# 浙江省博物馆

越地如此多娇

等级
国家一级博物馆

类别
综合性博物馆

藏品数量
10万余件/套

地位
浙江省内最大的集收藏、陈列、研究于一体的博物馆

## 鱼米之乡

浙江省位于东南沿海，河流和大海在这里交汇，咸淡水因此混合，形成了营养丰富的水体，越来越多的鱼群汇集于此，带来了丰富的渔业资源。浙江内部地形复杂，有“七山一水两分田”的说法，连绵的丘陵把土地分成了小块。浙江的先民就在那“两分田”里精耕细作，形成了江南特有的稻米文化。

钱塘江是浙江省最大的河流，因为江流曲折，因此古时候被称为“浙江”。这也是浙江省名称的由来。

## 一起来“浙”里看

浙江省博物馆是浙江省规模最大的综合性人文科学博物馆，包括孤山馆区与之江馆区两大馆区。孤山馆区依西湖而建，在“园中馆、馆中园”的结构中，与自然景观融为一体；之江馆区则以现代化设施为特色，提供沉浸式观展体验。可以说，在浙江省博物馆里，既能感受到江南水乡的灵秀，又能感受到现代展馆的简约。

## 越地精品展

浙江省博物馆馆藏文物超10万件/套，论数量，在省级博物馆里并不算多，但其中超过三分之一都是珍贵文物，其中一级文物有158件！尤以河姆渡文化遗物、良渚玉器、越窑青瓷和明清书画著称。

◀元黄公望《富春山居图》卷

元代画家黄公望的代表作《富春山居图》的前段，以浙江富春江为背景，采用“长披麻皴”画法，布局疏密有致。有“画中兰亭”的美誉。

新石器时代河姆渡文化“双鸟朝阳”牙雕▶

器物采用阴线雕刻的技法，在象牙片上雕刻出双鸟和太阳的图案，线条流畅，造型生动。

◀战国越王者旨於睗剑

青铜剑，剑身与剑柄之间，用一种名为“鸟虫书”的字体刻着铭文。正面为：戉（越）王戉（越）王；反面为：者旨於睗。

战国伎乐铜房屋模型▶

青铜房屋模型，正面没有门，但有两根立柱，其余三面有墙。屋顶有一只大尾鸠，屋内有六位正在表演的艺人。

◀唐落霞式“彩凤鸣岐”七弦琴

为“中华第一制琴师”雷威制造的七弦琴。松木为底的琴身朱红，两侧用行书刻款，正面刻着“彩凤鸣岐”的琴名。

龙泉窑青瓷舟形砚滴▶

元代瓷器，用于研墨时滴水入砚。整体像一片小舟，船棚外艄公穿着蓑衣，船棚里一男一女席地而坐，交谈甚欢。

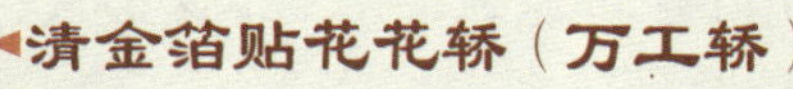

◀清金箔贴花花轿（万工轿）

使用榫卯结构制作的木雕彩轿。轿身上雕刻有“八仙过海”“苏武牧羊”“天官赐福”等民间传说和戏曲故事，表面贴金。

◀北宋泥塑彩绘菩萨立像

宋代典型风格的泥塑观音像，周身彩绘描金，梳高髻戴华冠，宝缯垂肩。

# 广东省博物馆

## 海上丝路的“千年商港”

**等级** 国家一级博物馆

**类别** 综合类博物馆

**藏品数量** 32万余件/套

**地位** 广东省唯一的省级综合博物馆

### 连接中国和世界的港口

广州临海，是海上丝绸之路的关键起点之一。唐宋时期，丝绸、陶瓷和茶叶就从广州运往世界各地。宋、元、明时期，广州港成为国际闻名的贸易大港，有“东方第一大港”之称。即使清朝闭关锁国，广州仍是我国唯一的通商口岸，当时的十三洋行财富雄厚，广州商业繁荣达到顶峰。

### “粤”光宝盒

在广州市天河区珠江新城的花城广场，矗立着一座长方体建筑。它的外观像“月光宝盒”，用现代钢结构和玻璃幕墙打造。这就是华南地区最大、藏品最多的综合性博物馆——广东省博物馆。

### 海上商贸带来多彩文物

广东省博物馆是华南地区藏品数量最多、品类最丰富、特色最鲜明的博物馆。馆内文物涵盖历史、自然、艺术、革命四大类。其中，最重要的莫过于岭南文化的代表文物，如外销艺术品、出水文物、华侨文物、潮州木雕等，放眼全国都赫赫有名。

### 西周兽面纹青铜盉

广东首次发现的青铜器。作为一个酒器，它外形精美，三足而立，每一足上都刻有饕餮纹。另有两个镂空的夔龙构成鋬手。

### 清光绪千金猴王砚

广东三大名砚之首。石料选自端溪老坑，砚台质地细腻温润，表面多种色彩环绕，形成一只蹲着的猕猴图案。

### 金漆木雕大神龛

潮州木雕的代表作品。采用多层次镂通雕技艺，雕饰精美，地域特色鲜明。

### 赵孟頫行书《陋室铭》卷

赵孟頫书法精品，被公认为其早期书法代表作。以雄浑博大的气势，书写刘禹锡《陋室铭》全文，笔力厚重，意趣古朴。

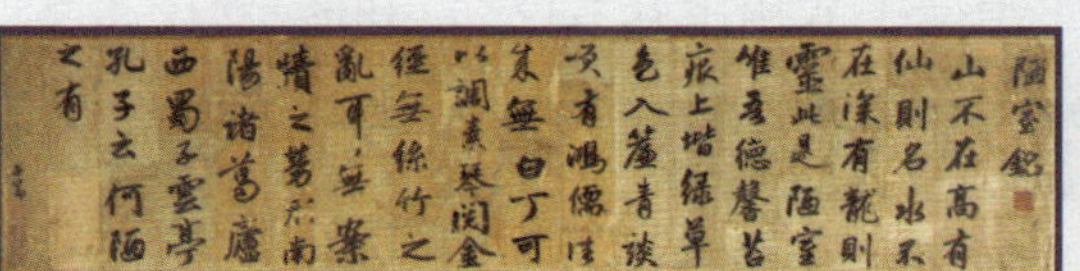

### 清石湾窑陶塑金丝猫

陶塑名家黄炳采用“胎毛技法”所制的陶塑金丝猫。它睁着眼睛弓着背，毛色金黄，根根分明，富有光泽，十分逼真。

### 宋金项饰

由四股八条纯金线编制而成的项链，整体呈现出浓厚的阿拉伯风情。这是“南海一号”商船上第一件被打捞出水的金器。

# 苏州博物馆

## 江南风情汇聚之地

等级
国家一级博物馆

类别
综合性博物馆

藏品数量
25740 件 / 套

地位
首批国家一级博物馆

### 与园林一起见证历史

正所谓“上有天堂，下有苏杭”。来到江南，不可不去苏州；来到苏州，不可不去苏州博物馆。它分为本馆和西馆两部分，承载着苏州深厚的历史底蕴。本馆位于苏州市姑苏区，与世界文化遗产拙政园相邻，对面就是著名的狮子林。

### 贝聿铭的“园林建筑诗”

苏州博物馆本馆是由建筑大师贝聿铭设计的。他遵循传统园林的设计美学，使用白色灰泥和黑色花岗岩，在“粉墙黑瓦”的基础上，用粗黑线条将白墙切割成不同的形状。这样，便赋予了苏州博物馆自由的现代气息。苏博的中央庭院借景拙政园，水面倒映片石假山，演绎“以壁为纸，以石为绘”的意境。这样匠心独具的建筑，本身就是一个艺术品。苏博也因此获得了“全球十大博物馆”称号。

### 小巧精致的宝匣

苏州博物馆小巧玲珑，本馆只有 2.65 万平方米，新馆也不过约 4.83 万平方米。但是这个“小个子”里藏着的宝贝可一点都不少。算起来，文物一共有 25740 件 / 套，其中一级文物有 222 件，以明清书画和工艺品最引人注目。

### ◄宋真珠舍利宝幢

楠木所制宝塔，用于存放舍利。塔身由珍珠等佛教“七宝”连缀制成，运用描金、穿珠、古彩绘等十多种特种工艺技法精心装饰。

### 五代秘色瓷莲花碗►

越窑青瓷的代表作。碗与盏托相连，盏托上雕刻覆莲二组。釉色滋润，光泽如玉。

### 《七君子图》▲

这幅书画长卷中一共有六位元代画家的作品。画面中七棵墨竹清新隽永，虽形态笔法各异，但相互呼应，井然有序。

### 吴王余眜剑►

目前出土的先秦兵器中铭文最多的一件，共有铭文 75 字。采用当时最先进的技术铸造，既是兵器，又是礼器。

### 居仁堂粉彩梅鹊纹碗▲

罕见的“洪宪瓷”套碗，由袁世凯第十三女袁经祯捐赠。杯壁上画着喜鹊踏梅图，梅枝生长入碗，是清代瓷器中最流行的“过墙纹”，象征着国泰民安。

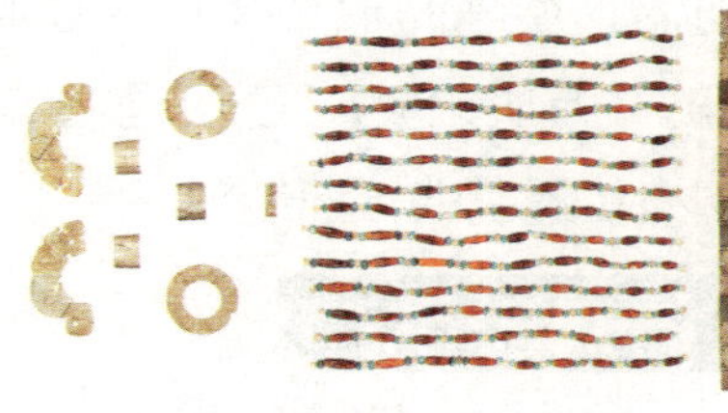

### 玉敛葬饰件▲

金缕玉衣的前身。古代用于丧葬仪式的玉器组合，由玉面饰、珠襦、玉甲、玉阳具饰构成，共八件，工艺精美。

# 成都博物馆

## 探秘巴蜀文明

等级：国家一级博物馆

类别：综合性博物馆

藏品数量：约 30 万件

地位：四川首家、成都唯一的『国字号』博物馆

### 城市心口的博物馆

打开成都地图，盯准最中心的位置，放大再放大，你猜猜第一个映入眼帘的地标建筑会是什么？答案是成都博物馆！它位于四川省成都市的天府广场，这里早在 2300 多年前就是成都市的中心了。

### 传统又时尚

如今，矗立在这个“古老”中心的成都博物馆新馆，是西南地区迄今为止规模最大的综合性城市博物馆。它于 2016 年正式对外开放，占地面积约 17 亩，建筑面积约 6.5 平方米，展陈面积有 2 万平方米。博物馆采用“金镶玉”造型，“金”是外墙面采用的 2 万块铜板，“玉”是铜幕墙后面的玻璃幕墙。朝着天府广场的立面还有一层网格状透明的“面纱”。

### 天府文化的“百科全书”

古蜀的神秘绚烂，两汉时期的物阜民丰，唐宋的繁华富饶，明清时期雄踞西南……在漫长的历史长河中，成都留下了丰厚的文化遗产。成都博物馆是展示巴蜀文化的窗口，现有近 30 万件藏品，从新石器时代到近现代，文物丰富多样，串联起成都 4500 年的文明史。

**◀石犀**

战国晚期至汉代石雕犀牛，呈站立姿态，躯干壮实，下颌及前肢躯干部雕刻有卷云纹。传说与李冰治水有关，是迄今发现的我国同时期最大的圆雕石刻。

**战国船棺▶**

船棺呈独木舟造型，是成都古代统治部族特有的一种丧葬方式，为研究当时的丧葬文化等提供了重要的实物资料。

**◀陶俳优俑**

陶俑形为一人坐在圆形坐垫上，一手持鼓，一手持槌作击鼓状，仰面大笑，表情夸张。具有强烈的艺术感染力。

**天府汉碑▶**

分为《李君碑》《裴君碑》二碑，记录东汉两位蜀郡太守李君与裴君的功德，篇法严整，字体方峻，填补了汉代蜀地诸多文献资料的空白。

# 各具特色的城市博物馆

想要读懂一座城，往往从博物馆开始。在这片古老而广袤的土地上，每个城市都有其独特的风貌和故事，而这些博物馆就是记录这些故事的地方。当我们轻轻推开博物馆的大门，那些沉睡在玻璃柜里的文物，仿佛在我们眼前苏醒，开始讲述属于这座城市的独特故事——此刻，历史年代不再是枯燥的数字，而是变成了会呼吸、会说话的鲜活记忆。这就是城市博物馆的魔力。

下面让我们一起开启这趟博物馆之旅，去探索那些隐藏在城市中的文化宝藏吧！

## 南京市博物总馆

在六朝古都南京，有一个博物馆“群”——南京市博物总馆。它集合了七家不同主题的场馆，分别通往不同历史的大门。分别是：南京市博物馆（朝天宫）、太平天国历史博物馆（瞻园）、中国共产党代表团梅园新村纪念馆、南京市民俗博物馆（甘熙宅第）、渡江胜利纪念馆、江宁织造博物馆、六朝博物馆。

## 西安博物院

西安，位于中国西北部的关中平原。这里气候宜人，水草丰茂，黄河奔腾而过。100 万年前，蓝田猿人便生活在这里。此后，13 个王朝在此建立都城，从文王开创丰京、武王建立镐京，到秦咸阳城、汉长安城，再到盛唐长安，每朝每代皆有一个史书中的“西安”。

自 2007 年开馆以来，西安博物院便面向世界展示着这座千古帝都的风貌。尤其是博物馆地下一层的展厅中，放置着一座木制的唐代长安城模型——棋盘式的街道规划、鳞次栉比的坊市布局、气势恢宏的宫殿建筑群……生动地再现了那时长安城的繁华景象。

## 敦煌博物馆

秦汉之交，漠北匈奴势力渐强。至西汉武帝时期，张骞开辟了通往西域的新径，丝绸之路由此诞生。为了纪念这条改变古代中国命运的生命之路，敦煌博物馆诞生了。在这座博物馆里，收藏着青铜时代的生活用具、驿站出土的精美丝绸、无际沙漠中的边防用品……将“沙漠中的绿洲”的传奇故事娓娓道来。

## 成都武侯祠

你还记得《三国演义》中的刘备与诸葛亮吗？他们之间的君臣情谊是那么动人。四川成都的武侯区内，有一座赫赫有名的武侯祠，这座祠堂便与这段佳话息息相关。最初，武侯祠只是建立在刘备陵寝之上的普通祠堂。后来，为了纪念治蜀有功的诸葛亮，便将其神位供奉进祠庙，与刘备合祀在一起。至此，成都武侯祠成为了国内现存的唯一君臣合祀祠庙。

现在的成都武侯祠由三大部分组成，一是三国历史遗迹区，二是以川军抗战将领刘湘陵园为主体的西区，三是体现川西民风民俗的锦里民俗区。总占地面积约 15 万平方米。

## 西安碑林博物馆

在陕西省西安市，有这么一片神奇的地方，这里碑石林立，宛如丛林。因此自古以来，人们都叫这里“碑林”。碑林的历史可以追溯到北宋，当时一位名叫吕大忠的大臣，为了保护唐代珍贵碑刻，将大量碑刻转移到“府学之北墉”。这就是如今碑林的所在地。后来，这里经过修缮，规模越来越大，最终成为全国规模最大、藏品最丰富的石刻宝库。

西安碑林博物馆坐落于西安孔庙旧址之上，是陕西最早创建的博物馆。馆内藏品时间跨度达2000多年，现收藏文物14338件/套。著名的“昭陵六骏”有四骏藏于碑林。

## 天一阁博物院

天一阁，坐落于宁波市月湖之畔，原本是明朝兵部右侍郎范钦建造的私家藏书阁。当时，他退隐官场，不理朝政，在自家的宅院东边建起了天一阁。天一阁是一座砖木结构的两层小楼，坐北朝南，阁前有一座天一池，池内用山石堆造这“九狮一象”的景色，颇有江南园林风格。

天一阁博物院的修建，既是为了保藏天一阁，也是为了保护楼中的珍贵古籍善本。如今，它被誉为中国现存最古老的私人藏书楼之一，也是世界三大家族图书馆中的瑰宝。

## 孔子博物馆

山东曲阜被誉为“东方圣城”，孔子在这里出生长大，曲阜也因此成为儒家文化的发源地。作为诸子百家之一，儒家文化推行仁爱，传承礼乐传统，劝谏君王实行德政，是中华优秀传统文化的重要组成部分。

为了纪念这位影响世界的圣贤，后人在曲阜城中轴线南端修建了孔子博物馆。博物馆距离孔庙4千米，以汉代建筑风格为基调，融合唐代建筑艺术，形成了独特的文化风格。博物馆内不仅收藏着30万件孔子世家文书档案、4万多册善本古书，甚至连与祭祀孔子有关的礼乐器都不在少数。

## 长沙博物馆

在滨江文化园的东侧，有一块棱角分明的白色“怪石”，它就是默默记录长沙历史的长沙博物馆。说起长沙，你一定会想到橘子洲头那意气风发的毛泽东主席雕塑吧！这位力挽中国命运的时代伟人，就诞生在这座湘江穿过的城市。在他的带领下，长沙成为人们口中盛赞的革命发源地之一。

长沙博物馆虽然仅仅是一个市级博物馆，但在几代文博人的努力下，已经将5万多件宝藏“纳入麾下”。馆内古老的商周青铜器、精美的唐代长沙窑瓷器，还有近现代的历史遗物，无一不见证了长沙的历史变迁。

## 洛阳博物馆

和著名历史古城南京、西安一样，洛阳也备受皇家青睐，夏朝、商朝、西周等13个王朝在此建都。作为一个有着5000多年的文明史、4000多年的建城史和1500多年建都史的城市，洛阳是中国建都最早、朝代最多的城市。可以说，它是华夏文明不可或缺的发祥地。

洛阳博物馆位于洛龙区隋唐里坊区西北，在城市的中轴线上，是整个城市文化地标。博物馆采用“鼎立天下”的设计理念，将整个建筑外观建造成一个大鼎。屋顶连绵起伏，象征在洛阳建都的13个朝代。

## 随州博物馆

随州这座小城市看起来不起眼，却出土了许多青铜器。原来先秦时，商周的统治者在这里建立了一条古老的“铜路”，被称为“金道锡行”。“金道锡行”有一条至关重要的“咽喉”，叫“随枣走廊”。无数铜矿由此被送往中原。周天子将自己的亲戚分封在这座重要的城市里，于是诞生了噩国和随国这两个周天子的左膀右臂。

历史变迁中随国变成了随州，如今人们在随州大地上建立了随州博物馆，以商周青铜器为特色，收藏了随州各地出土的文物。即使被湖北省博物馆调走了15000多件文物，它也还剩下10183件珍贵的藏品，其中有318件藏品属于一级文物。因此，随州博物馆也被称为“青铜器王国”！

## 大同市博物馆

山西大同地处我国中部，自古以来汉族、鲜卑族、契丹族等多民族共同生活在这里，彼此间互相交流，形成了独特的文化特色。赵武灵王于此处推广胡服骑射，使得胡汉文化彼此交融，帮助他成就了一代霸业。

在设计大同市博物馆建筑时，设计师便将大同火山、云冈石窟、龙壁文化等元素全部融合进建筑外观，将民族大融合的寓意体现得淋漓尽致。目前，大同博物馆藏有文物17万余件，其中珍贵文物3000余件，藏品以彰显北方少数民族文化、边陲重镇文化、宗教文化特征而著称，特别是北魏、辽、金三代的精品文物，享有盛誉。

# 黑龙江省博物馆

## 恐龙与铜龙

等级：国家一级博物馆
类别：综合性博物馆
藏品数量：63 万余件 / 套
地位：黑龙江省历史最久、规模最大的博物馆

### 建在商场上的博物院

1906 年，哈尔滨市原莫斯科商场来了一群施工队，工人们在这里勤勤恳恳修建了 3 年。终于，黑龙江省博物馆建成了。圆滚滚的穹顶缠绕着藤蔓的铁艺装饰、波浪形的墙面曲线，无不显示出这是一座典型的欧洲巴洛克式建筑。

### 双龙聚首博物馆

黑龙江省博物馆馆藏丰富，其中最著名的便是金代铜坐龙和黑龙江满洲龙化石。以这两条龙为首的各朝文物，背后是整个东北地区的历史变迁。走进黑龙江省博物馆，就像钻进了一条连接远古与清朝的时光隧道，北方民族的精魂在此处展现。

◂金代铜坐龙

青铜材质的金代皇室御用马车装饰，龙首低垂、四肢踞坐，融合女真骑射文化与中原龙纹特征，被誉为“金源文化第一龙”。

**◂黑龙江满洲龙**

中国境内发现的第一具恐龙化石。黑龙江满洲龙化石完整度达 90%，享有“神州第一龙”的美誉。满洲龙属鸭嘴龙科，因嘴巴扁阔类似鸭嘴而得名。

**披毛犀化石骨架▸**

世界罕见的完整度近 100% 的披毛犀化石。披毛犀是一种已灭绝的生物，生活在更新世晚期，通过对化石的研究，可以揭示生态环境对动物演化和灭绝的影响。

**◂松花江猛犸象化石骨架**

黑龙江流域出土的完整猛犸象骨架，是中国发现的第一具完整猛犸象化石。

**唐代渤海天门军之印▸**

唐代渤海国官印。青铜质，刻有“天门军之印”五字。国内现存唯一的渤海官印。

**南宋《蚕织图》（局部）▾**

全卷总长 1098.2 厘米，纵高 28.9 厘米。该画卷以全景式叙事手法完整再现了南宋江浙地区蚕织产业的全流程，自“腊月浴蚕”起始，至“下机入箱”终章，通过 24 组连续性场景记录了我国古代蚕织的生产过程，具有弥足珍贵的历史价值。

# 辽宁省博物馆

## 契丹风云

等级：国家一级博物馆

类别：综合性博物馆

藏品数量：约 12 万件 / 套

地位：中华人民共和国建立的第一座博物馆

### 马背上的王朝

辽宁位于中国东北的最南端，西邻内蒙古草原，南接朝鲜半岛。1000 多年前，契丹族在这里建立了辽国。契丹人不仅魁梧善战，骑骏马、住毡帐、喝烈酒；而且粗中有细，既会烧制“辽三彩”，又能创造契丹文字。

### 新中国首座省级博物馆

作为新中国首座省级博物馆，辽宁省博物馆于 1949 年 7 月 7 日，顶着“东北博物馆”的名字诞生。最开始的时候，它甚至只是热河都统汤玉麟的一座官邸。现在，辽宁省博物馆位于沈阳市浑南区智慧三街，拥有 8.32 万平方米的现代化建筑群。

### 藏品横跨百万年

辽宁省博物馆馆藏文物近 12 万件 / 套，这些藏品年代跨度巨大，其中的珍品展现了东北从旧石器时代到唐代文明的脉络。

◀新石器时代红山文化玉猪龙

新石器时代红山文化的典型玉器，造型似猪似龙，肥首大耳，獠牙外露，首尾相连，被誉为“中华第一玉龙”。

鸭形玻璃注▶

十六国北燕时期的玻璃制品。全球唯一保存完好的，具有2000年历史的玻璃器具。鸭形玻璃注重心在前，注水一半时才能放稳，是研究草原丝绸之路制造技术和文化交流的重要物证。

《唐人簪花仕女图》▲

唐代周昉绘制的绢本设色画。画中描绘了五位贵族妇女及其执扇侍女的游园场景，人物衣饰华丽，色彩浓艳，展现出了盛唐的绘画技法与审美风尚。

◀宋摹唐张萱《虢国夫人游春图》

唐代张萱的画作，原作已失传，现存为宋代摹本。描绘了杨贵妃之姐虢国夫人一行九人八马的出行场景，人物衣饰华贵，骏马雄健，展现了唐代贵族的奢华生活。

《万岁通天帖》▶

唐代摹本，又称《王羲之一门书翰卷》，是现存最接近王羲之真迹的书法珍品。该帖历经火劫，仍勾摹精妙，为研究书法演变提供了极为珍贵的资料。

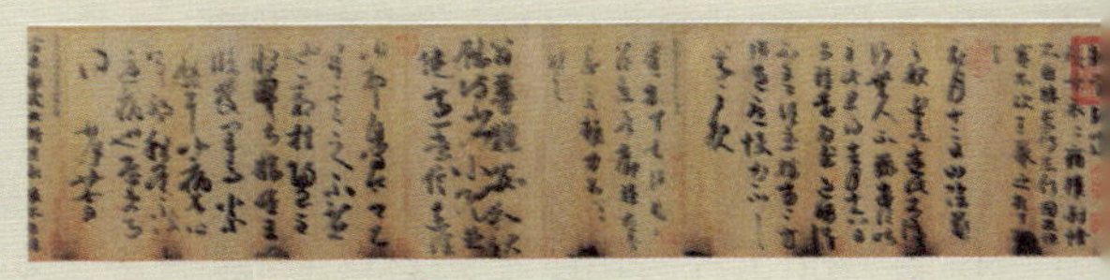

◀宋徽宗《瑞鹤图》

北宋皇帝赵佶御笔。画中描绘了北宋汴梁宣德门上群鹤飞舞的祥瑞场景。采用工笔写实手法，是宋徽宗存世真迹中的经典之作。

# 沈阳故宫博物院

## 清朝龙兴之地

等级　国家一级博物馆

类别　古代宫廷艺术博物馆

藏品数量　10万余件/套

地位　中国仅存的两大古代宫殿建筑群之一

## 与北京故宫齐名的关外明珠

沈阳故宫与北京故宫并称中国两大宫殿建筑群，是一对“双子星”。1616年，努尔哈赤统一女真各部，建立后金政权。随着国力日益强盛，他决定迁都沈阳，建造属于自己的宫殿，于是就有了沈阳故宫。后来，经过其子皇太极的扩建，沈阳故宫成为清王朝早期的政治中心。直到1644年清军入关后，这座宫殿不再作为皇宫使用。

## 游牧民族的智慧结晶

沈阳故宫具有鲜明的满族特色。它的布局打破了传统的“前朝后寝”，寝宫区被精心设计在近4米高的台基之上，外围环绕着厚达1.8米的坚固城墙。这般设计源于满族先民的山居智慧：高台可瞭望四方敌情，厚墙能抵御野兽侵袭。

## 东北首座文化宝库

1926年，依托沈阳故宫建立的东北首家公立博物馆——东三省博物馆正式开放，它就是如今沈阳故宫博物院的前身。沈阳故宫博物院珍藏着10万余件/套文物，涵盖了从清代到现代的各个时期。

**◀清皇太极鸭嘴哨箭**

皇太极使用过的哨箭。箭头呈鸭嘴状，箭身带有哨口，发射时能发出声响，是古代战争中用于信号传递的实用器物。

**清金漆赶珠龙紫气东来铜字匾▶**

这块匾额由乾隆皇帝亲笔题写，悬挂于沈阳故宫的凤凰楼正门，目前仅存世一份。匾额上雕刻有九条龙，寓意“九龙拱珠”。

**◀清雍正款青花红龙大盘**

青花红龙大盘青花色泽鲜艳，上面绘制的红龙栩栩如生，整体造型规整，是清代瓷器中的精品。

**清黑鲨鱼皮鞘腰刀▶**

努尔哈赤、皇太极父子流传下来的遗物甚少，这把腰刀尤为珍贵。腰刀的刀鞘上系有羊皮签条，上面用满、汉文字书写：“太宗文皇帝御用腰刀一把，原在盛京尊藏。”

**◀金代交龙钮大钟**

铜钟重达六千斤，鸣音洪亮。它曾被努尔哈赤视为祖传遗物，后悬挂于沈阳钟楼，成为“盛京定更鸣钟”。1930 年拆除钟楼时，被移存沈阳故宫。

**乾隆款掐丝珐琅缠枝花卉钵▶**

这是沈阳故宫博物院珐琅器藏品中唯一的国家一级文物。它通体由精细的掐丝珐琅工艺制造，底部刻有“乾隆年制”款识，被红、黄、白、蓝四色莲瓣图案环抱着，极具艺术美感。

# 吉林省博物院

## 少数民族文明大融合

**等级**
国家一级博物馆

**类别**
历史与艺术博物馆

**藏品数量**
12 万余件 / 套

**地位**
高句丽、渤海、辽金时期的文物在全国占有重要地位

### 历史凝光之地

坐落于长春市净月高新区的吉林省博物院，由德国 GMP 建筑事务所以东方“庭院叙事”为灵感设计而成。3.2 万平方米的现代建筑群，将工业线条的冷峻与园林的婉约相融合，灰白色调的外墙如一部未书完的历史长卷，既承载厚重文化，又彰显当代审美张力。

### 黑土地上的文化站

1952 年，吉林省博物院正式开放。它是一座以历史与艺术类为主的博物馆，深入了解这片黑土地的文化瑰宝。如果你对辽金文化很感兴趣，那就千万不能错过吉林省博物院！

◀宋官窑贯耳瓶

北宋时期的瓷器珍品。贯耳瓶的前身是投壶，所以壶身两旁有小耳朵似的把手。壶底有一长方形的孔洞可供穿绳，便于悬挂。

◀《洞庭春色赋·中山松醪赋》行书卷

苏轼的行书作品。全书总计684字，是苏轼传世墨迹中字数最多的作品。

辽契丹文八角铜镜▶

此镜是我国目前发现的契丹文铜镜中镜面最大、文字最多的一面。呈八角形，镜背铸有五行契丹小字。

◀金张瑀《文姬归汉图》

绢本设色画。画卷描绘了蔡文姬归汉时，在漠北大风沙中的情景。全卷人物众多，神情逼真，塞北风光尽现。

清丁观鹏摹宋张胜温《法界源流图》▶

《法界源流图》又名《千佛图》，是南宋末年绘制的有关佛教题材的画卷，清画家丁观鹏重新整理和临摹，历时数载完成。其中描绘了诸佛菩萨、天龙八部等形象，场面宏大，色彩浓丽，是中国佛教艺术的瑰宝。

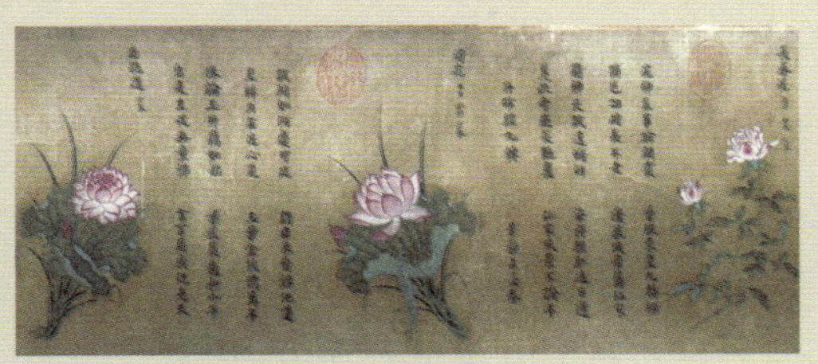

◀南宋杨婕妤《百花图》

南宋杨婕妤所作绢本设色画。画中绘有多种花卉及吉祥意象。此画是现存最早的女性画家作品，典型的南宋院体画风格。

元张渥临李公麟《九歌图卷》▶

元代张渥创作的白描画，虽为李公麟的临摹本，实际上是再创造。画中描绘了屈原及《九歌》中的神祇形象。笔法流畅，线条纤细飞扬。

◀错金银“丙午神钩”铜带钩

东汉时期的铜带钩。它通体嵌有金线银线和宝石。正面雕有鸟喙神人抱鱼图案，鱼可活动。背面有错金隶书铭文“丙午神钩，君必高迁”。

# 山东博物馆

## 齐鲁大地 孔孟之乡

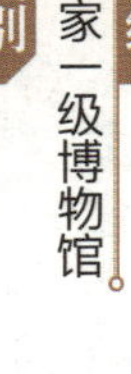

**等级** 国家一级博物馆

**类别** 省级综合性地志博物馆

**藏品数量** 40 余万件 / 套

**地位** 山东地区古代历史文物、革命文物，以及自然标本的收藏、研究和展示中心

## 文物界的“学霸省”

山东，是孔子、孟子的老家，也是儒家文化的发源地。它更以 735 家备案博物馆的惊人数量，稳坐“中国博物馆第一大省”的宝座。其中，光是国家一级博物馆就有 18 座。

## 趵突泉飞到屋顶上

1954 年，山东博物馆（原名山东省博物馆）成立。它是中华人民共和国成立后建起的第一座省级综合性地志博物馆。远远看去，山东博物馆又方又圆。上半部分是一个巨大的银白色半圆形穹顶，灵感来源于山东著名景点趵突泉，下半部分则是一个灰色的立方体。这种设计暗含了古人“天圆地方”的世界观。

## 不容错过的山东珍宝

山东博物馆位于济南市历下区经十路 11899 号，共有展厅 23 个。在 2.5 万平方米的展陈空间里，陈列着 40 余万件 / 套宝贝，其中，以陶瓷器、青铜器、甲骨文的收藏最为突出。

### 蛋壳黑陶高柄杯▸

新石器时代龙山文化的陶器。它薄如蛋壳，黑如漆，亮如镜，制作工艺极为复杂，被誉为“四千年前地球文明最精致之制作”。

### 红陶兽形壶

新石器时代大汶口文化的陶器。整体造型像一只憨态可掬的小猪，四足立起便于加热，可煮水温酒，是大汶口文化的代表器物。

### 亚醜钺

商代青铜礼器。这件青铜钺造型威严，器身上透雕着人面纹，双目圆睁，嘴角上扬，口部两侧铭刻有“亚醜”二字，是薄姑氏部族古老文明存在的印记。

### 颂簋

西周时期的青铜器。器身和器盖上均有铭文，共152字，记录了“颂”受天子册命的过程，是研究西周历史的重要文物。

### 鲁国大玉璧

战国时期最大的玉璧。玉质温润，纹饰精美，彰显了鲁国重礼的习俗。

### 银雀山汉墓竹简

出土竹简包括《孙子兵法》和《孙膑兵法》。这些竹简结束了历史上关于孙子这一人物的千古争论。为研究中国古代军事思想提供了珍贵的文献资料。

### 东平汉墓壁画

东平汉墓壁画是山东迄今发现年代最早、保存最完好、内容最丰富、艺术水平最高的汉代壁画，生动展现了汉代的生活场景和社会风貌。

### 九旒冕

目前我国唯一存世的明代亲王冠冕实物。每个饰件背后都蕴含着中国传统文化中的宇宙观和道德观，被称为“史上最牛乌纱帽”。

### 甲骨文

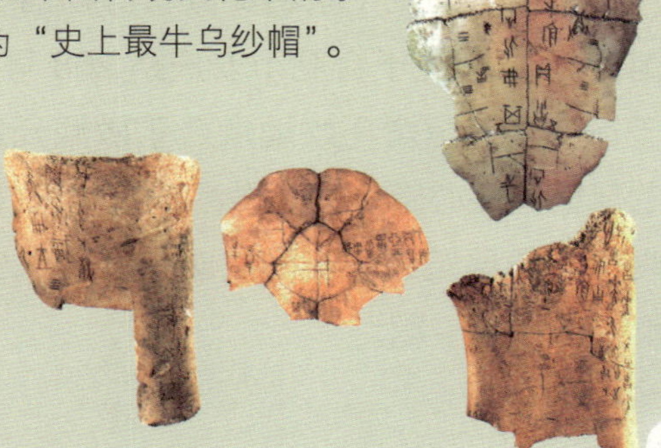

这些刻在龟甲和兽骨上的文字，是中华民族最早的成熟文字之一，记录了商代晚期王室占卜等内容。

# 安徽博物院

## 徽州文化的呈现之地

等级
国家一级博物馆

类别
综合类博物馆

藏品数量
31万余件/套

地位
毛主席唯一公开视察过的省级博物馆

### 皖韵徽风

清康熙六年（1667）正式建省，“安徽”取自作为政治中心的安庆府，和以经济繁荣著称的徽州府两个府的首字。安徽境内多山，盛产木材，当地人因地制宜建造房屋，在砖石木材上精雕细刻作为装饰。明清时期，徽商富甲一方，他们不惜重金聘请能工巧匠，将砖石木雕艺术融入建筑，逐渐形成了独具特色的徽派建筑风格。

### 诗意的徽派建筑

当我们说起徽派建筑，眼前总会浮现出黑瓦白墙、灰檐翘角的画面。阶梯状的马头墙似山峦起伏，不仅是徽派建筑的标志性符号，更是古代的防火墙——当邻家不幸失火时，高耸的马头墙能有效阻断火势蔓延。走进院落，看到一方小天井，雨水会顺着屋檐流入天井，让雨水汇聚成“四水归堂”的景致，寓意肥水不流外人田。

### 博物馆里的安徽魂

安徽博物院（原名安徽省博物馆）成立于1956年11月14日，有新老两个馆舍。老馆位于合肥市安庆路268号，展陈大楼仿照苏式建筑建造。新馆则位于怀宁路，馆舍巧妙地融合了徽派元素，体现徽派建筑“五方相连、四水归堂”的风格，核心部分仿照徽派建筑的天井，建造了一个向天空敞开的大厅。博物馆内，常设展览有“安徽文明史陈列”，以及“徽州古建筑”“安徽文房四宝”“江淮撷珍”等专题。

◂铸客大鼎

战国时期青铜鼎，又称“楚大鼎”。口沿处刻有 12 字铭文，开头两个字为“铸客”。造型雄伟，工艺精湛。

龙虎纹四环铜鼓座▸

春秋晚期贵族用器。采用分铸焊接与高浮雕工艺，鼓座上有龙虎环绕，造型威严。

◂吴王光鉴

春秋晚期青铜器，是吴王光为了女儿叔姬寺吁出嫁专门准备的嫁妆。底部有四个像兽一样的脚支撑着，两边各挂着兽头形状的环耳。内刻 52 个字，记录了吴、蔡两国的交往。

鄂君启金节▸

战国时期楚国的水陆通行符节，青铜铸成，分为舟节和车节。符节上的铭文详细规定了鄂君启水陆交通运输的路线、范围、船只数量等。

◂张成造剔犀云纹漆盒

元代漆器，由著名工匠张成制作。盒盖及盒身均以剔犀工艺制作，盒上刻有云朵样的漂亮如意纹。

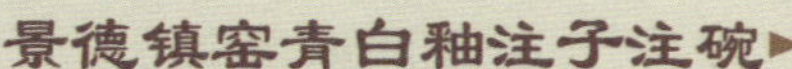

景德镇窑青白釉注子注碗▸

注子和注碗是宋代的酒具，既可以盛酒又可以温酒。注碗形如绽放的莲花，注子盖顶立着一只小狮子。

◂汤鹏铁字联

这幅字联是清代铁画大师汤鹏的代表作之一。对联用铁做材料，以锤代笔，将草书的灵动与铁的刚劲完美结合，上联为“晴窗流竹露”，下联为“夜雨长兰芽”。

# 江西省博物馆

## 文化古城，诗意赣江

等级
国家一级博物馆

类别
综合性博物馆

藏品数量
6万余件/套

地位
江西全省最大的综合性博物馆

### 两条江命名的省份

唐朝时，唐玄宗根据山川形势，将华夏大地划分为不同区域，长江以南的地方最初统称为“江南道”。后来，唐玄宗觉得这个区域太大了，就在“江南道”的西边，设立了“江南西道”。而从南到北贯穿江西全境的赣江，又为这片土地赢得了一个诗意的简称：赣。

### 江边的宝盒

浩浩汤汤的赣江边有一座四四方方的“宝盒”，它就是江西省博物馆！它位于南昌市红谷滩区赣江北大道698号。新馆一共有六层，建筑面积就有8.6万平方米，展览的面积也达到了2.8万平方米，里头装满了江西的瑰宝，总共有60437件/套之多！其中有370件/套一级文物，青铜器和陶瓷最具特色，在全国省级博物馆中占有重要地位。

◀商伏鸟双尾青铜虎

青铜虎通身布满精美花纹，背上立着一只灵动小鸟，是现存世最大的先秦时期青铜虎，有“虎王”之誉。

◂商双面神人青铜头像

国内迄今所见唯一的商代双面青铜面具，是古人沟通天地的神器。面具青面獠牙、双目圆睁，头顶留着一个可以安插羽毛的孔。底部同样具有装配木柄的设计。

商兽面纹鹿耳四足青铜甗▸

世界上最大的青铜甗，被称为“甗王”。青铜甗四足鼎立，稳如泰山，双耳各立一只回头小鹿。既可以用于日常烹饪，又可以用于庄严祭祀。

◂商活环屈蹲羽人玉佩饰

迄今发现最早的带活环玉饰。玉羽人造型神秘，亦人亦鸟，头顶三个玉环能灵活转动，是南方地区鸟崇拜的一种反映。

元张天师“阳平治都功”螭龙纽白玉印▸

白玉雕刻的龙纽印章。印章上面刻着“阳平治都功印”几个字。

◂北宋鎏金荔枝纹银带板

北宋的“黄金腰带”由 13 块金板组成。金带表面用锤子打造出立体荔枝纹，再刻出细腻纹路。这种纹饰在北宋被称为“御仙花”，是高等级官员专用的腰带装饰，只有三品以上的官员才能佩戴。

东周云雷纹兽首提梁黑陶盉▸

东周时期的黑陶酒器。整体造型仿青铜器，表面乌黑发亮，全身布满云雷纹。提梁呈弓形，壶嘴做成了兽首造型。

# 重庆中国三峡博物馆

等级　国家一级博物馆

类别　综合类博物馆

藏品数量　11.5 万余件 / 套

地位　中央地方共建国家级博物馆之一

## 三峡往事

### 巴东三峡

“自三峡七百里中，两岸连山，略无阙处……”郦道元笔下的三峡，雄伟而壮丽。长江三峡西起重庆市奉节县白帝城，东至湖北省宜昌市南津关，全长 193 千米，自西向东依次为瞿塘峡、巫峡、西陵峡。三峡的“性格”各不相同：瞿塘峡以雄伟险峻著称，其中的夔门有“夔门天下雄”的美誉；巫峡秀丽幽深，巫山十二峰中神女峰正对着江水梳妆；西陵峡滩多水急，礁石林立。

### 将三峡装入博物馆

重庆中国三峡博物馆位于重庆市渝中区人民路。它圆弧形的身体是为了纪念三峡大坝，蓝色玻璃外墙象征长江水。平时，楼顶水塔中的水从穹顶落下，顺着玻璃墙面跃进广场水池，象征着“长江之水天上来”。

### 属于西南的记忆

重庆中国三峡博物馆的前身为 1951 年成立的西南博物院，于 1955 年 6 月更名。重庆中国三峡博物馆在西南博物院的基础上，经过 60 余年的发展，现拥有 11.5 万余件 / 套馆藏文物，以古人类标本、三峡文物、巴渝铜器、西南民族文物等为特色。

### ◄“巫山人”左侧下颌骨化石

这块化石来自距今约 200 万年前，包含了一段带有两颗臼齿的左侧下颌骨。这一重大发现将中国人类起源的时间线向前推进了大约 30 万年。

### 乌杨石阙►

乌杨石阙是现存汉阙中保存最完整的一座，形制为重檐庑殿顶双子母石阙。其雕刻精美，展现了汉代建筑和雕刻艺术的高超水平。

### ◄战国虎纽錞于

战国时期青铜乐器。顶部有一个张口龇牙的虎形纽。虎纽周围刻有人面、卷云纹、鱼纹等六组图语符号。

### 偏将军印章►

这是一枚东汉时期的金质官印。印章整体造型为龟纽方形，上篆刻有“偏将军印章”五字。

### ◄明代唐寅临《韩熙载夜宴图》卷

明代唐寅临摹之作，原作为五代顾闳中所绘的《韩熙载夜宴图》。画卷设色鲜丽华贵，笔触精细，色彩较原作更为艳丽，展现了明代绘画艺术的高水平。

### 何朝宗制观音像►

明代德化窑瓷雕大师何朝宗的作品。瓷雕胎质洁白细腻，釉色如象牙白，展现了德化白瓷的独特魅力。

# 中国大运河博物馆

## 与大运河同龄

**等级**　国家一级博物馆

**类别**　现代化综合性运河主题博物馆

**藏品数量**　二万余件/套

**特色**　大运河的『百科全书』

## 运河源头的千年古城

“州界多水，水波扬也”，这就是扬州。扬州因水而生，和水密不可分。公元前 486 年，吴王夫差在扬州开凿的邗沟，连通长江与淮河，这条最早有明确记载的运河，开启了中国大运河的历史。后来，隋炀帝以扬州为中心，在邗沟的基础上，大规模全线开凿大运河。往后的岁月里，尽管运河的河道多次改变，但扬州一直是大运河的关键枢纽。

## 运河畔的“文化之舟”

中国大运河博物馆，简称“运博”。它位于扬州三湾风景区，总建筑面积约 7.9 万平方米，主体建筑犹如一艘巨型“运河之船”静泊江畔。与之毗邻的大运塔高达 112.3 米，采用唐代风格设计，登临塔顶，可将蜀冈风光与运河入江之景尽收眼底。

## 来这里见证运河的前世今生

中国大运河博物馆珍藏的文物独具特色，现馆藏自春秋至当代反映运河主题的各类文物及文献资料 1 万余件/套，涵盖古籍、书画、碑刻、陶瓷、金属器等多个门类，生动地展现了这条“流动的文化遗产”所承载的文明记忆。

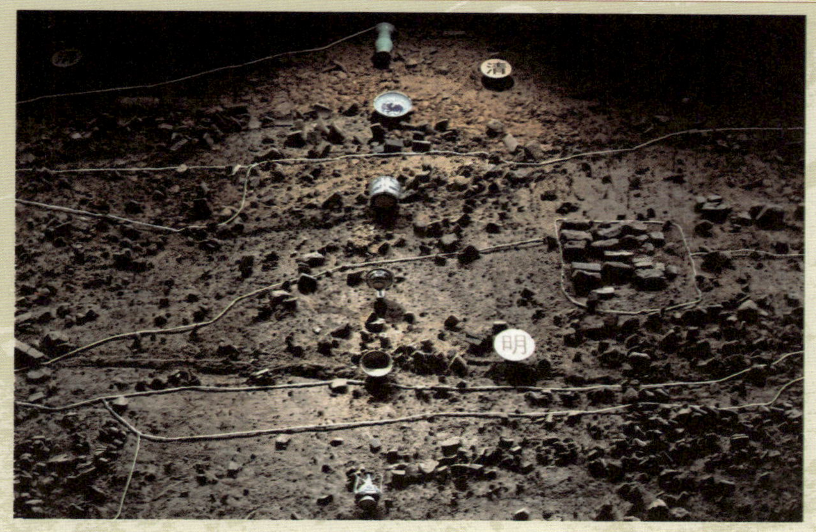


## 汴河古河道剖面▲

国内最大的土遗址剖面文物，清晰勾勒出自隋唐至明清的地层变化。

## 唐代船形夫妻合葬墓►

这是唐朝一对夫妻的墓葬。墓室以两艘相连的船为造型，看上去像两朵莲瓣，寓意“同登彼岸”。

## ◄含嘉仓炭化粟米

这3000多粒炭化粟米来自隋唐时期的皇家粮仓，历经千年仍保存完好，印证了文献中“一窖可储50万斤”的记载。

## 鲁荒王仪仗队复刻群►

根据明代鲁荒王朱檀墓出土的仪仗队复原而成。原仪仗队由397件木俑、16匹马俑和2辆车组成，阵容庞大，排列整齐。复刻木俑虽为复制件，但制作工艺精细，形象逼真，保留了原仪仗队的风貌。

# 运通天下——运河博物馆

运河，是流动的文化，是历史的奇迹。人类开辟河道，为了灌溉，为了漕运，也为了文化的交流，文明的传承。1400多年前，隋炀帝调动百万百姓，开凿了隋唐大运河。此后，各朝各代注重运河的发展，最终修成跨越中国南北的京杭大运河。如今，这条奔流不息的“生命之河”，造就了一个又一个的城市神话。让我们一起追寻着水流不停的步伐，来到各地的运河博物馆，看一看这条流动的“生命线”是如何诞生的吧！

## 北京大运河博物馆

北京市通州区有一艘静止的“大船”，一叶帆在阳光的照耀下，显示出一派蓬勃的生命力。这里，就是北京大运河博物馆。北京大运河即京杭大运河的北京段，自古便有“没有大运河，就没有北京城”的说法。尤其是元明清三朝，全国各地的物资通过运河，输送到北京，保证了这座王都的稳固。北京大运河博物馆聚焦京杭大运河的京段沿岸遗存，将运河历史讲述给来到这里的每一位游览者。

## 隋唐大运河文化博物馆

这座像水波一样绵延起伏、波澜壮阔的黄色建筑，便是坐落在河南省洛阳市老城区的隋唐大运河文化博物馆。隋唐大运河是京杭大运河的前身。洛阳，便是这条千年运河的第一站。“隋堤烟柳”讲的正是这里“堤畔筑驿，树以柳”的秀色风景。可以说，这条大运河的开通，让洛阳集千年运河、丝绸之路、万里茶道、世界古都的身份于一身。隋唐大运河文化博物馆以“一粒米的漕运之旅”体验展，全面展示隋唐大运河的漕运全过程。

## 中国京杭大运河博物馆

中国京杭大运河博物馆是国内首座以运河文化为主题的大型专题博物馆。它坐落于杭州市城北运河文化广场，毗邻大运河南端终点标志——拱宸桥。京杭大运河是中国古代一项伟大的水利工程，它北起北京，南至杭州，全长约 1794 千米，是世界上里程最长、工程最大的古代运河。时至今日，这条古老的运河依然在履行着它的职责。杭州京杭大运河博物馆采用前沿科技，把这条运河的历史与沿岸城市的命运，浓缩成了一场立体的体验。

## 中国（沧州）大运河非物质文化遗产展示馆

中国（沧州）大运河非物质文化遗产展示馆，位于河北省沧州市中国大运河非物质文化遗产公园核心区。它的东面是清池大道，西面是运河西侧河堤。沧州是京杭大运河流经最长的城市，该段约占京杭大运河总长度的七分之一。明清两代每年都有大约 400 万石粮食从这里运往北京。作为南北物资的融合处，沧州段上共设置了十多处码头。沧州大运河非物质文化遗产展示馆挖掘大运河故事，展出沧州地区的非物质文化遗产共 108 项。

## 衡水故城大运河博物馆

在河北省大运河国家文化公园主题展示集群片区内，有一座讲述大运河的专题博物馆，它就是衡水故城大运河博物馆。历史上的京杭大运河衡水段流经故城、景县、阜城三个县，总长179千米，占据了京杭大运河总长的十分之一。大运河滋养了沿岸的民俗风情，例如故城县的非物质文化遗产龙凤贡面手工制作技艺、甘陵春酒传统酿造技艺等，都与大运河息息相关。有人说，衡水故城大运河博物馆的建立标志着大运河故城段保护、传承和利用进入了新阶段。

## 聊城中国运河文化博物馆

聊城中国运河文化博物馆宛如一艘巨大的漕船，在历史的长河中乘风破浪，昂首前行。聊城是现今中国黄河与大运河交汇的唯一城市，隋代开凿的京杭大运河从聊城境内东侧穿过，而元代会通河则纵贯聊城境内腹地，这两条重要的运河为聊城带来了数百年的经济和文化繁荣。如今，这座建筑面积1.6万平方米的博物馆，向往来的游客不倦地讲述着运河与聊城的历史。

## 济宁大运河微山湖博物馆

济宁大运河微山湖博物馆坐落于风景如画的大运河畔，是山东省内唯一依水而建造的博物馆。大运河自东向西蜿蜒流淌，将博物馆自然分隔为南北两区。济宁有着北方最大的淡水湖——微山湖，它作为大运河的关键节点，北连济宁，南通江浙。有了这条“黄金水道”，济宁在明清时期已经发展成为全国有名的繁华都市。济宁大运河微山湖博物馆对运河两岸城市古建筑进行复原，力求让游客们感受到平山湖区深厚的文化底蕴。

## 中国漕运博物馆

中国漕运博物馆是目前国内唯一反映漕运主题的大型专题博物馆，位于江苏省淮安市淮安区漕运总督署遗址附近。一直以来，淮安都扮演着漕运枢纽的角色。它作为京杭大运河上的璀璨明珠与“运河之都”，在明清时期成为漕运总督的驻地，达到了运河文化的顶峰。为了展示和传承漕运文化，中国漕运博物馆应运而生。它总建筑面积6300平方米，在这里，你可以看到古代运河上的运输工具和相关物品，漕运总督的工作和生活用品。此外，还有关于漕粮运输的记录、票据、量具等。

## 无锡大运河数字博物馆

无锡大运河数字博物馆是中国首座纯数字博物馆，它坐落在江苏无锡南长古运河畔。大运河无锡段，北起常州与无锡交界的五牧（今属洛杜镇），南到无锡与苏州交界的望亭，全长约41千米，拥有京杭运河全线通航条件最好、船舶通过量最大、社会经济效益发挥最为显著的区段，是名副其实的“黄金水道”。在无锡大运河数字博物馆内，游客们可以通过虚拟现实（VR）、增强现实（AR）、混合现实（MR）等技术手段，身临其境地感受大运河的历史变迁。

## 苏州大运河遗产展示馆

苏州大运河遗产展示馆位于苏州万年桥西侧，白墙黑瓦，呈现出传统的苏式建筑风格。大运河苏州段既与外界相通，又与苏州内城的水网紧密相连。因此，运河与苏州的命运紧密相连。可以说，河道的走向随着苏州城的发展不断调整，而苏州的繁荣也是运河文明不可或缺的一部分。苏州大运河遗产展示馆以“世界遗产”为核心主题，展示了大量与大运河密切相关的实物遗产。

# 敦煌莫高窟

等级 世界文化遗产
类别 中国佛教石窟
特色 中国三大石窟之一

## 飞天一梦

### 丝路上的明珠

敦煌，位于河西走廊最西端。壁画、飞天菩萨、九色鹿的传说都从这里传出。西汉时，霍去病将军大败匈奴后，汉武帝设下“河西四郡”，从此河西走廊被打通，敦煌成为古丝绸之路的必经之地。自此，中原的丝绸、西域的香料、印度的佛经、波斯的银器、罗马的琉璃……在这座沙漠中的绿洲往来相遇。

### 千佛洞

公元366年，一个叫乐僔的和尚来到敦煌。夕阳西下时，山上金光万道，仿佛万千佛影在霞光中浮现。乐僔和尚认定这里是圣地，于是请人在这个“灵岩圣地”的崖壁上开凿了第一个佛窟。此后无数虔诚的信徒和工匠来到这里修建佛窟。到7世纪时，莫高窟已经有1000多个洞窟，因此，又被称为“千佛洞”。如今，敦煌莫高窟有洞窟735个，保存壁画4.5万多平方米，彩塑2400余尊，唐宋木构窟檐5座。它是中国石窟艺术发展演变的一个缩影，在石窟艺术中享有崇高的历史地位。

### 沉睡千年，一朝苏醒

1900年，道士王圆箓请工匠在莫高窟修缮庙宇时，意外发现了一个暗门，门内是一间小秘室，里面满满当当，全是4世纪至11世纪的写卷和绘画。这个洞窟便是藏经洞。消息传开后，斯坦因、伯希和等外国探险家先后赶来，掠走了许多文物，同时，他们当中也有人以考古学的方法对洞窟做了编号、测绘、照相、文字记录，并公布了敦煌石窟的部分照片和资料，引起了学界的轰动，一时间全世界都开始关注敦煌。自此，沉睡千年的莫高窟成为“敦煌学”的发源地。

## 敦煌莫高窟▸

敦煌文化的代表，始建于公元 366 年，保存了公元 4 世纪至 14 世纪的 700 多个洞窟、4.5 万多平方米壁画和 2000 多身彩塑。它融合了中原与西域艺术风格，是研究佛教艺术和丝绸之路文化的重要遗产。

## ◂北凉石塔

北凉石塔是中国现存最早的佛教石塔之一。它由基座、塔身、塔肩、相轮、塔盖组成。塔身雕刻有七佛与弥勒菩萨像，基座上刻有八卦符号和供养天人像。

## 敦煌遗书▸

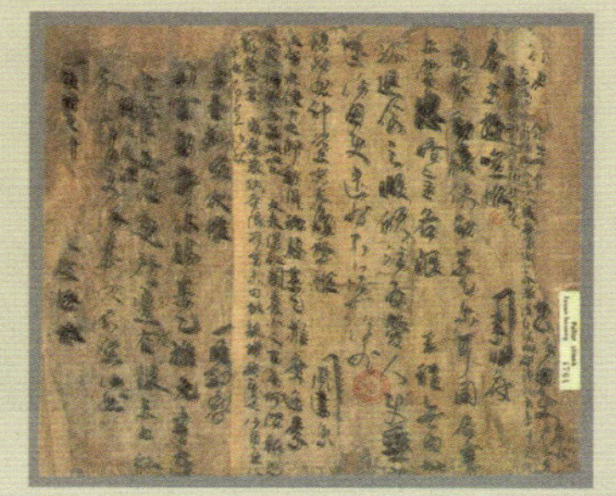

1900 年在敦煌莫高窟藏经洞内发现的大量古代文献，总数达 5 万余件。这些文献内容丰富，涵盖佛教经典、儒家经典、历史地理文献、科技文献等，年代上起东汉，下至北宋。

## ◂莫高窟第 96 窟“北大像”

莫高窟第 96 窟建于初唐，俗称“九层楼”。窟内有一尊依山崖而塑的巨型弥勒佛像，高 35.5 米，是敦煌石窟中最大的塑像，在唐代时已称为“北大像”。

## 莫高窟第 130 窟南大像▸

莫高窟第 130 窟南大像高 26 米，是莫高窟第二大佛像。佛像通高 26 米，仅佛头就高达 7 米，巧妙解决了礼佛者仰视大佛所造成的头小体大的视差。

## ◂莫高窟第 159 窟

吐蕃统治时期的代表洞窟。窟内壁画以《维摩经变图》最为著名，描绘了维摩诘与文殊菩萨的精彩辩论，生动形象。画面中还出现了吐蕃赞普，反映了吐蕃统治者对佛教的信仰。

# 甘肃省博物馆

## 来自西域的历史见证者

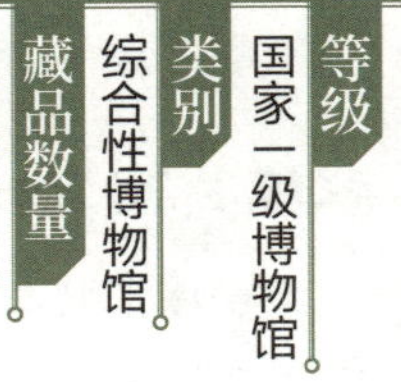

## 打开西域之门

甘肃像一柄横卧的玉如意，卧倒在中国西北的版图上。在它绵延 1600 千米的狭长身躯里，藏着通往西域的通道——河西走廊。它东起乌鞘（shāo）岭，西至甘新交界，因为地处黄河之西，又狭长如走廊，故而得名。

西汉时，张骞出使西域，打通了前往西域的道路。从此，驼铃声开始回荡在河西走廊。它是古代中国通向西方的门户，也是东西方交往的必经之路，古往今来，不同肤色的旅人们在这里留下了脚印。

甘肃省的名字来源于古时的甘州与肃州，正是今日河西走廊内的张掖市与酒泉市。

## 博物馆里的丝路地图

甘肃省博物馆位于甘肃省兰州市七里河区西津西路 3 号。从上往下看，博物馆呈“山”字形，中间五层、两侧三层。它是中国唯一以丝绸之路为主题的综合性博物馆，设有专门的“丝绸之路文明”展厅，展示了 400 多件反映古丝路的文物。

**铜奔马►**

汉代青铜器文物。铜马三足腾空，一足踏飞燕，展现了骏马奔腾的瞬间，被誉为“马踏飞燕”。

**◄彩绘木轺车**

是目前发现最大的汉代木雕作品。由舆车、伞盖、御奴和马组成，反映了汉代车舆制度。

**彩绘木雕博戏俑►**

西汉木雕。木俑刻画了两位老者全神贯注对局博戏的场景。

**◄大云寺五重舍利宝函**

唐代佛教重器。宝函由石函、铜匣、银椁、金棺和玻璃舍利瓶组成，内置玻璃瓶盛 14 粒舍利。工艺奢华，反映了盛唐时期高超的金银工艺水平。

**鲵鱼纹彩陶瓶►**

鲵鱼纹彩陶瓶是新石器时代仰韶文化的文物。瓶身绘有人面鲵鱼纹，是甘肃省博物馆馆藏的唯一彩陶类国宝。

**人头形器口彩陶瓶►**

来自仰韶文化中晚期的细泥红陶器，被认为是“中国最早的陶制肖像雕塑”。整体造型宛如一位穿着花衣的少女，短发齐额，五官端正，圆鼓鼓的腹部象征着母系社会对生育的崇拜。

**◄《医药简牍》**

我国最早的医药文物之一。简牍共 92 枚，包括木简 78 枚、木牍 14 枚，内容涵盖内科、外科、妇科、五官科等多科疾病的医方。

# 宁夏回族自治区博物馆

## 自治区的独家记忆

等级：国家一级博物馆

类别：省级综合性博物馆

藏品数量：5万余件/套

特色：宁夏重要的历史文化展示窗口

## 塞上江南

西北腹地的茫茫荒漠中，有一片世外桃源——宁夏回族自治区。西北部的贺兰山阻挡了西北的风沙，削弱了南下的西伯利亚冷气流，让这里气候适宜。黄河从中北部穿过，带来了丰富的水源，人们种植着大片金灿灿的稻谷，宛如江南。

元朝灭西夏后，取“平定西夏，西夏安宁”的含义，为其命名。

## 不得不看的宁夏记忆

宁夏回族自治区博物馆，简称宁夏博物馆，位于银川市金凤区人民广场东街。它平面呈“回”字形布局，出入口立面借鉴了伊斯兰民族风格，外墙镶嵌着佛教中的神鸟，支座具有典型的西夏建筑风格。它们共同诉说着宁夏多元文化交织的历史。如今，宁夏博物馆馆藏文物超过5万件/套，其中最耀眼的当数西夏文物、馆藏岩画与北方系青铜器收藏。

## 西夏鎏金铜牛▶

目前国内发现的最大、最完整的西夏鎏金工艺品。铜牛体形硕大，铸造时使用了外范内模浇铸与鎏金工艺。

## ◀胡旋舞石刻墓门

这两位雕刻在墓门上的胡旋舞男伎，是目前已知最古老的胡旋舞石刻之一。他俩舞姿健美，充满西域风情，是唐代胡旋舞的实物见证。

## 西夏石雕力士志文支座▶

这件石雕刻画了一位跪地负重的力士。他双目突出，眉头紧锁，跪坐于地，支座顶部刻有西夏文字，背部刻有汉字“砌垒匠高世昌”，为西夏石雕工匠的姓名。

## 原始牛头化石▼

这头牛大概有一头小象那么大，体重可达2吨到3吨。从化石上可以看出其角长达1.5米，是目前已知最大的牛角之一。

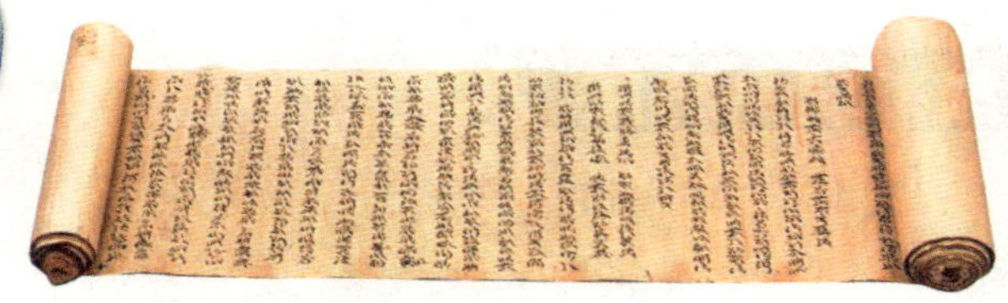

## 草书佛经长卷▲

目前已知最长的卷式西夏文文书。由九张白麻纸连接而成，文字笔法流畅，书写随意，具有“简而动、流而畅”的特点。

## ◀陶鬲

此鬲用黏土掺入粗砂粒制成，耐高温且抗冷热膨胀。上部为罐形器身，下部延伸出三个对称的袋形空心足，空裆结构可直接添柴生火，不需另置灶坑，非常方便，是齐家文化很有特色的一种陶器。

# 内蒙古博物院

## 北疆文明的承载地

等级
国家一级博物馆

类别
综合性博物馆

藏品数量
20.9 万件 / 套

地位
内蒙古自治区最大的综合性博物馆

## 草原上的民族

天苍苍，野茫茫，风吹草低见牛羊……提起草原，一定绕不开内蒙古自治区。内蒙古自治区位于中国北部，拥有我国最大的牧区——内蒙古牧区，草原面积 13.2 亿亩，约占全国草场面积的 1/4。居住在这里的先民们骑在马背上，策马扬鞭，“逐水草而居”，逐渐形成如今的蒙古族。

## 骑着骏马奔腾

内蒙古博物院位于内蒙古自治区呼和浩特市。它始建于 1957 年，是新中国成立后，少数民族地区最早建立的博物馆之一。在它 14.7 万平方米的空间里，现有藏品 20.9 万件 / 套，记载着内蒙古从生命源起到中华人民共和国成立的历史。当你站在楼前，能看到楼顶有一匹凌空奔驰的青铜骏马雕塑，它昂着头望向远方，象征着内蒙古的吉祥与腾飞。

### ◄鹰顶金冠饰

黄金制成的部落首领头饰，是迄今为止发现的唯一“胡冠”实物。顶部站立一只振翅欲飞的雄鹰，冠带两端有卧虎、卧马和卧羊浮雕。

### 龙首青铜灶►

内蒙古自治区出土的青铜灶中体量最大、级别最高的一件随葬品。灶面有三个釜，可同时放三个锅。可拆卸结构，便于行军、游牧。

### ◄黄金覆面

金片捶錾而成的金面具，完美地描绘出陈国公主的容颜，是辽代墓葬中最为完整、珍贵的金面具。

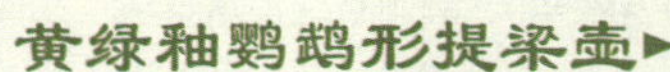

### 黄绿釉鹦鹉形提梁壶►

陶制水壶。整体呈黄绿色鹦鹉模样，以鹦鹉嘴为壶口。采用堆塑、刻画、压印等工艺制造。

### ◄钧窑“小宋自造”香炉

是迄今为止发现的器型最大、最完整、制作最精湛的钧窑香炉。香炉通体施天青釉，下有三足，颈部刻铭文“己酉年九月十五小宋自造香炉一个”。

# 青海省博物馆

## 看文物，来高原

等级：国家一级博物馆

类别：综合性博物馆

藏品数量：1.5 万余件 / 套

地位：青海首座现代化大型综合博物馆

## 高原古城

青海湖是内陆最大的咸水湖。因为这颗“蓝宝石”，湖泊所在的省份被命名为青海省。青海处在“世界屋脊”青藏高原和黄土高原的中间地带，黄河、长江、澜沧江这三条大河都发源于这里，因此被誉为“三江源”。

这里不仅是地理上的枢纽，还是个文明交融的十字路口，古代的丝绸之路和唐蕃古道都从这里经过。唐代时，吐蕃占领了青海，藏传佛教于是在这里和本地的苯教、汉地佛教一起发展，形成了多元文化共存的局面。

## 多元的珍宝库

青海省博物馆位于西宁市城西区新宁广场东侧，馆内藏品超过 1.5 万件 / 套。由于地处多种文化交融的地区，这些文物呈现出多元文化特征。若你来到这里，可以在展柜中的彩陶文物里，同时看到仰韶文化、马家窑文化、齐家文化，甚至卡约文化的痕迹。

◀舞蹈纹彩陶盆

新石器时代后期诞生的红陶水盆，上宽下窄，内壁绘人形起舞图案。是世界上已发现的五件马家窑文化时期多人舞蹈纹盆之一。

◀弦纹网纹彩陶壶

马家窑文化彩陶艺术的典型代表。壶身为橙黄色，长颈、圆腹、平底，整体绘有黑色花纹。

齐家文化石磬▶

目前所见青铜时代早期同类器物中最大的一件，被誉为“黄河磬王”。它是古代大型礼奏、祭祀乐器，由黑色沉积岩制成。

◀齐家文化七角星纹铜镜

我国已发现的铜镜中年代较早的一面。铜镜表面光滑，背面有一个七角星几何纹图案，一旁饰有斜线纹。

辛店文化彩陶靴▶

陶制靴形器具，内部中空。整体靴面绘有黑色对称双线回纹、带纹和三角纹。

# 新疆维吾尔自治区博物馆

## 见证西域与中原联结的纽带

**等级** 国家一级博物馆

**类别** 综合性地志博物馆

**藏品数量** 约 2.5 万件 / 套

**地位** 新疆维吾尔自治区的文物和标本收藏保护、科学研究和宣传教育机构

## 神秘的西域古国

新疆位于中国西北边陲，古称“西域”。在汉代以前，这片被天山雪水滋养的广袤土地对中原人来说非常陌生。因为当时的新疆由游牧民族部落统治，其中最强大的是匈奴。

公元前 138 年，张骞奉汉武帝之命，出使西域，希望联合大月氏夹击匈奴。张骞两次出使西域，促进了汉朝与西域各国的交流。自此中原的丝绸、铁器向西运输，西域的骏马、玉石也开始流入中原，最终形成了横跨亚欧大陆的贸易大动脉——丝绸之路。新疆成为东西方贸易的重要通道。

## 多元的舞台

在漫长的历史长河中，新疆这片亚欧大陆的十字路口，既是游牧民族逐水草而居的家园，也是中原王朝与西域各国交流的纽带。塞人、月氏、匈奴、突厥等古老民族都在此留下文明印记，汉文化、伊斯兰文化、佛教文化交汇融合，最终形成了“你中有我，我中有你”的多元文化格局。

## 文物里的丝路千年

新疆维吾尔自治区博物馆坐落于乌鲁木齐市西北路581 号。它拥有约1.13 万平方米的展厅空间珍藏着数以万计的文物，其中国家一级文物有 382 件 / 套，约占新疆维吾尔自治区所有一级文物的一半。

◀ “五星出东方利中国”锦

为汉代织锦护臂。纹样为云气纹、星纹，以及孔雀、仙鹤、辟邪和虎等瑞兽纹，并织有“五星出东方利中国”八个篆体汉字。

彩绘伏羲女娲绢画▶

晋唐时期的绢本画卷。画卷中绘有伏羲、女娲，两位神明下身为蛇，蛇尾缠绕，四周有日月星辰环绕。

◀彩绘天王踏鬼木俑

目前国内唯一的木雕天王踏鬼俑。天王全身施彩、气势雄伟，意在保墓主灵魂平安。

◀最早《三国志》手抄本

晋朝成书，内容起自魏黄初二年刘备率军伐吴，至吴黄武元年九月魏伐吴止，是研究中国文化交流的重要实物资料。

◀彩绘骑马戴帷帽仕女泥俑

唐代的彩绘骑马戴帷帽仕女俑，手工泥塑彩绘而成，仕女着华服骑鞍马，尽显大唐贵族妇女雍容华贵，反映唐代服饰文化与审美观念。

◀《弈棋仕女图》

绢本设色画。描绘以弈棋贵妇为中心的贵族妇女生活场景，是研究唐代绘画艺术与女性生活的重要资料。

# 布达拉宫

## 藏地佛传的明珠

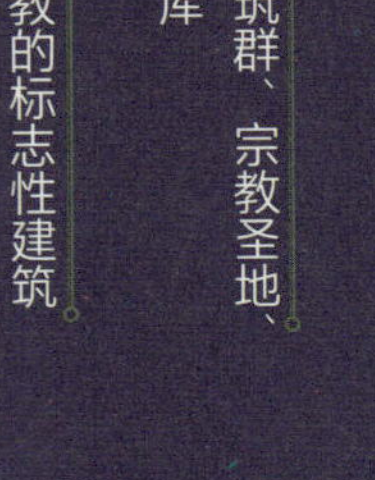

### 红山明珠

1300 多年前，松赞干布统一了青藏高原，建立了吐蕃王朝，他迁都拉萨，在红山之巅筑起第一座宫殿——红山宫，也就是最初的布达拉宫。但随着吐蕃王朝的解体，红山宫被逐渐废弃，直到 1645 年，五世达赖喇嘛重建布达拉宫。他主持建造了白色的宫殿群，之后又经过扩建，重建了红宫部分，这才形成了我们今天看到的布达拉宫。

1994 年，布达拉宫被联合国教科文组织列为世界文化遗产。

### 世界屋脊的珍珠项链

“布达拉”在藏语中是“普陀罗”的化身。当年藏传佛教徒在为这所宫殿取名时，觉得拉萨的红山足以与观世音菩萨的圣山普陀罗山相比，因此有了这个梵语名字。如今，在拉萨市区西北 3700 米海拔的红山上，可以看到 360 余米长的建筑群盘踞山脊，红宫居中，白宫位于两侧。

### 金塔银城

布达拉宫里，到处是价值连城的宝物：8 座达赖喇嘛金质灵塔，5 座精美的立体坛城，以及瓷器、金银铜器、佛像、佛塔、唐卡、服饰等。这些珍宝是藏族、汉族、满族、蒙古族等多民族智慧的共同结晶。

◂圣观音像

由檀香木天然形成，是布达拉宫的镇宫之宝级文物，供奉于圣观音殿。

五世达赖喇嘛灵塔▸

布达拉宫内最大、最气派的灵塔，藏语名为“赞姆林坚吉”。塔身外裹11.9万两金皮，镶嵌了18000颗珠宝，代表了五世达赖在西藏的崇高地位。

◂粉彩缠枝花卉纹多穆壶

壶身呈筒形，底部以红字书“大清嘉庆年制”六字篆书款，器身有彩绘缠枝花纹。它结合了内地制瓷工艺与少数民族传统文化。

北魏合金弥勒佛造像▸

布达拉宫最早的一批佛造像文物，北魏造像“平城模式”的典范之作。使用铜鎏金技术，弥勒佛端坐于须弥座上，四面以浮雕刻仰覆莲瓣及卷草忍冬纹装饰。

◂文成公主进藏图壁画

布达拉宫壁画中的杰出代表，描绘了文成公主进藏的历史场景，是汉藏友好交流的历史见证。

永乐版《甘珠尔》▸

得银协巴根据《甘珠尔》古写本编纂而成。是现存最早的、较为精善的《甘珠尔》之一。

# 东方色谱：文物里的中华绝色

## 见证西域与中原联结的纽带

当西汉玻璃的钴蓝遇见波斯秘方，当乾隆珐琅的砷绿碰撞欧洲化学，这些绝色早已预言——最美的色彩必在文明交汇处绽放。

### 绿色系 · 青绿交响

晚唐五代 邛窑黄绿釉高足瓷炉
◎成都博物馆

北宋 吉州窑绿釉狮盖香薰
◎安徽省博物馆

辽 耀州窑青瓷飞鱼形水盂
◎辽宁省博物馆

清乾隆款绿釉暗花僧帽壶式壁瓶
◎故宫博物院

清 绿地鱼龙图花式瓶
◎台北故宫博物院

辽 绿釉贴塑龙纹马镫壶
◎国家博物馆

### 黄色系 · 金焰流光

战国 金怪兽
◎陕西历史博物馆

清乾隆款黄色玻璃出戟花觚
◎故宫博物院

隋 嵌珍珠宝石金项链
◎国家博物馆

清乾隆内填珐琅番莲纹盖碗
◎台北故宫博物院

清 黄色缂丝凤栖梧桐图团扇
◎故宫博物院

唐 鎏金铁芯铜龙
◎陕西历史博物馆

## 粉色系·石髓春色

元影青釉里红高足瓷杯
◎杭州博物馆

清碧玺珠翠手串
◎故宫博物院

清桃红碧玺瓜式佩
◎故宫博物院

清乾隆芙蓉石蟠螭耳盖炉
◎南京博物院

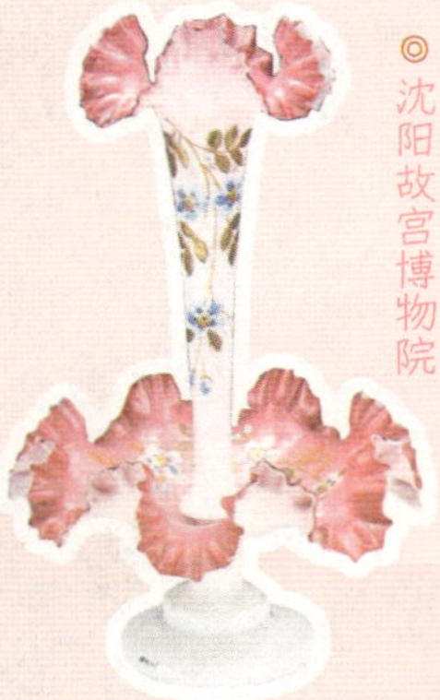

清白粉料荷叶形花插
◎沈阳故宫博物院

清乾隆款粉彩勾莲纹天球瓶
◎故宫博物院

## 蓝色系·碧落天工

西汉蓝色平板玻璃铜牌饰
◎南越王博物馆

北宋刻花蓝色玻璃瓶
◎浙江省博物馆

明孝端皇后凤冠
◎中国国家博物馆

元莲花形玻璃托盏
◎甘肃省博物馆

明青花梵文莲瓣洗
◎河南博物院

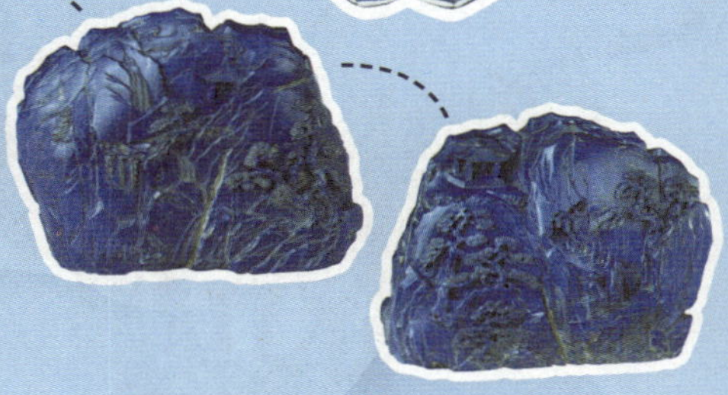

清青金石松泉人物山子
◎故宫博物院

# 云南省博物馆

滇池之滨

等级 国家一级博物馆

类别 综合类博物馆

藏品数量 23 万余件 / 套

地位 云南省最大的综合性博物馆

## 红色的石林墙

云南省博物馆位于云南省昆明市滇池之滨的广福路。从外观上看，整个建筑呈现出红铜色，为的是体现云南“有色金属王国”的美誉。更特别的还有那不规则的石棱结构，是在模仿云南石林这一特殊地貌。

## 古滇珍宝盒

云南省博物馆成立于 1911 年，是云南省最大的综合性博物馆。这里珍藏着 23 万多件珍宝，从 25 亿年前的古生物化石，到近代云南的器物，应有尽有。云南是 25 个少数民族的聚居地，同时也是古滇国的所在地，因此，馆藏文物以青铜器、古滇国文物，以及少数民族文化相关文物为特色，展现了云南丰富多彩的历史文化。

◂牛虎铜案

战国青铜礼器，用来放献祭的牛牲。一头大牛站立，背部扁平像案几，四脚为案足。肚子下面下站着一头小牛。一只猛虎紧咬大牛尾。

### ◀四牛鎏金骑士铜贮贝器

西汉时期的古滇国文物。两只猛虎从侧边攀爬而上，盖子上装饰着四只铜牛，一位骑马的鎏金小人被它们环绕其中。骑士服饰华丽，说明墓主人生前地位显赫，很有可能是古滇国皇族。

### 宋银背光金阿嵯耶观音像▶

宋大理国时期观音像，是最早传入云南的观音造像。造像由纯金打造，观音髻中藏佛，手结妙音天印，长裙赤足，被称为“云南福星”。

### ◀宋大理国银鎏金镶珠金翅鸟

宋代大理国的一只鎏金鸟。金翅鸟颈部细长，翅膀内卷欲飞，两爪立于莲座之上。尾巴与身体之间插有镂空火焰形背光，上面镶嵌着五粒水晶珠。

### ◀宋郭熙溪山行旅图轴

绢本水墨画，北宋山水画的经典之作。运用了高远、深远、平远“三远法”构图，描绘深秋时节的山水景色，展现了郭熙独特的“卷云皴”技艺。

### 剡溪访戴图▶

元代黄公望创作的一幅山水画。采用“借地为雪”的技法，描绘东晋王徽之雪夜乘舟访问友人戴逵的故事，画面萧瑟冷寂。

### ◀明金镶红蓝宝石冠

该金冠呈半球形，由形似莲花瓣的薄金片、内外四层累叠而成。冠面镶嵌有红、蓝、绿、白等各色宝石 50 多粒，集中融汇镂空、镶嵌、捶煤等多种工艺技法，是明代工艺美术的杰作。出土于沐氏家族沐崧夫妇的合葬墓。

# 贵州省博物馆

## 黔地文化的璀璨明珠

等级　国家一级博物馆

类别　综合类博物馆

藏品数量　36 万余件

特色　中国苗族服饰库和苗族银饰库的全国第一

### 会呼吸的博物馆

贵州省贵阳市观山湖区林城东路，有座造型独特的博物馆。它的建筑外形像一座棕色的菱形巨石，一层叠着一层，就像“鱼鳃”一样。它，便是贵州省博物馆，而“鱼鳃墙”竟寓意着“菱石虽小，内蕴贵州文化千山千岛”。

### 多样的宝库

贵州省博物馆筹建于 1953 年，1958 年正式开馆。作为贵州省内规模最大的综合类博物馆，馆内藏品丰富多样，总数达到 36 万余件，涵盖了民族文物、贵州古生物化石、旧石器时代出土文物等多个领域。值得一提的是，馆内的中国苗族服饰库和中国苗族银饰库位居全国第一，为研究苗族文化和历史提供了宝贵的资料。

**◂西汉铜柄铁剑**

这把长剑来自西汉，用铜制成剑柄，用铁铸造剑身。表面装饰镂空卷云纹、涡纹、弧线纹等各种纹路，具有明显西南地区的夜郎文化特色。

### 东汉铜车马

目前国内出土汉代铜车马中最精美完整的一件，共由 200 多个零部件组成。铜车分为驾马、轮轴、车舆三部分，马昂首嘶鸣，姿态矫健，车舆敞露。

### 永元十六年青釉硬陶罐

贵州境内目前发现最早有“自我铭文”的酒坛。陶罐肚子上有一段33 字的隶书铭文，意为：“在永元十六年（公元104 年）正月二十五日，做了这个有四个耳朵、表面施釉、口小的罐子，可以用来装酒，在重要节日祭祀时使用，价值二十五钱。”

### 宋鹭鸟纹彩色蜡染衣裙

集挑花、刺绣、蜡染工艺于一身的衣裙，底色黄蓝相间，纹理细腻。布料表面鹭鸟昂首展翅，流云飞舞。

### 金凤冠

明代土司文化的代表。用纯银打造帽宽，表面装饰着金片。正面是五只凤鸟栖息，三只金龙盘旋。背面是芙蓉花开，蝴蝶飞舞。红绿宝石镶嵌其中，精巧美丽。

### 明杨辉墓彩釉陶俑群

共 70 件陶俑，包括 33 件骑马俑和 37 件步俑。他们姿态各异，展示了墓主人生前出行盛况。

# 广西壮族自治区博物馆

## 岭南的多彩拼图

等级
国家一级博物馆

类别
综合类博物馆

藏品数量
近10万件/套

特色
广西最大的历史文化遗产保护、收藏、展示、研究和宣传教育中心

### 稻香里的百越传奇

广西壮族自治区地处云贵高原东南边缘，三面环山，风景秀丽。这里稻米飘香，用稻米制作的米粉更是声名远扬。这里世代生活着壮族、瑶族、苗族、侗族、仫佬族、毛南族等多个民族。他们早在先秦时期，就以“百越人”著称，建立了许多小方国。

### 民族与现代的碰撞

自古以来，壮族人都居住在一种名为“干栏楼”的传统房屋里。广西壮族自治区博物馆长得就和“干栏楼”差不多，外墙上有“刀片式”构造，还有壮锦图案的暗刻浮雕。它坐落于广西南宁市民族广场东侧，在陈列大楼后面是创建于1988年的民族文物苑，壮族“干栏”、瑶族竹楼、苗族吊脚楼、侗族鼓楼、侗族风雨桥、毛南族民居……一系列民族建筑汇聚其中。

### 储存民族记忆的宝库

广西壮族自治区博物馆是国家一级博物馆，馆内藏品近10万件/套，一级文物有148件/套。这里收藏了壮族、瑶族、苗族、侗族等多个民族的文物，是全国铜鼓收藏最多、最全的地方，想了解广西的历史文化和民族风情，来这里就对了。

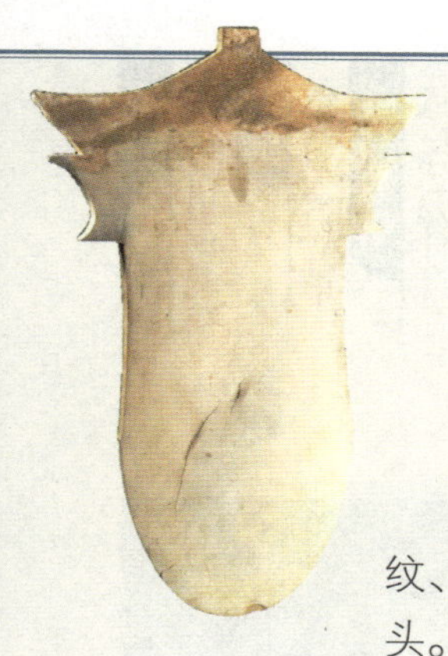

◂**楔形双肩大石铲**

新石器时代的代表性文物。器身扁平，体形硕大，通体打磨精细，平整光滑，双肩有棱，刃部圆润。

**兽面纹提梁铜卣**▸

铜卣是古代的盛酒器。这把铜卣的表面装饰着云雷纹、兽面纹、夔纹和蝉纹，提手两端各有一个凶猛的牛头。盖子里雕刻铭文，记录了铜卣匠人的奴隶主族徽。

◂**翔鹭纹铜鼓**

西汉时期的金属鼓，被誉为“铜鼓之王”。鼓面和鼓身饰有太阳纹、翔鹭纹、划船纹和羽人舞蹈纹，展现了当时龙舟竞渡的场景。

**羽纹铜凤灯**▸

出土时成对。凤鸟造型，全身雕刻羽毛纹。一双足和宽大的尾巴支撑着灯身，背上的圆孔是为了放置长柄灯盏。凤鸟嘴里衔着喇叭形灯罩，肚子里能够储藏清水，吸收烟气。

◂**漆绘提梁铜筒**

竹节形状的盛酒器。靠近顶部的位置上安着一个“把手”，通身绘制着以人物、鸟兽、花木为主题的漆画。

**大铜马**▸

岭南地区发现的体形最大、年代最早的青铜马，被称为“岭南第一马”。分九段铸造之后组合而成，体形高大，肌肉丰满，昂首立耳。

◂**青花缠枝莲纹菱口盘**

宣德年间的青花瓷，选用以青色著称的“苏料”。盘心盛开大朵花卉，外绕小朵花卉，疏密相间，饶有趣味。

# 海南省博物馆

## 海岛古韵

等级：国家一级博物馆

类别：综合类博物馆

藏品数量：约 2.8 万件 / 套

特色：海南省唯一的综合性现代化博物馆

## 独特的南海文明

海南省地处中国最南端，是中国唯一的热带海岛省。汉族、黎族、苗族等民族世居于此。他们经常在南海诸岛活动，有的航海经商，有的从事渔业生产，形成了独特的“海岛文化”。

## 白手起家的博物馆

海南省博物馆在海口市国兴大道 76 号，是海南唯一的综合类现代化博物馆，2008 年 11 月 15 日开馆，占地面积约 60 亩，建筑面积 4.45 万平方米。海南省博物馆建立之初，可谓一穷二白，经过几代人的努力，才变成现如今的国家一级博物馆，拥有馆藏文物 2.8 万余件 / 套。

## 海岛寻珍记

海南省博物馆中，最特别的是南海文物和体现海南民俗的历史文物。明代理学名臣丘濬写了篇《南溟奇甸赋》来赞美海南岛的美丽。海南省博物馆便以“南溟奇甸”为主题，设立了 10 个陈列，把海南好看、好玩、好吃的都展示出来。

### ◂战国“越王亓北古”错金铭文青铜复合剑

吴越青铜兵器中的极品，我国兵器史上最珍贵的文物之一。剑身错金，与剑柄间雕刻铭文。

### 汉代弦纹双耳铜釜▸

汉朝军队遗留下来的行军炊具。体形虽然硕大，但是铸造精良，肚子上铸造着弦纹，最顶端有两个小把手，每个把手上各有一对小鸟。

### ◂汉代北流型四蛙铜鼓

北流型铜鼓在西汉到唐代的时间内极为流行。鼓面宽大，边缘微微下折，形成垂檐。此鼓正中有八芒太阳纹，边缘有四只立蛙。

### 宋代青白釉花口凤首壶▸

釉色青中泛白，白中透青。造型受唐代波斯金银器影响，凤鸟的脑袋上盛开四瓣花，象征凤冠，脖子后有一束钩状的羽毛。

### 清代黄花梨公阁楣▴

海南黄花梨木制，由 25 块透雕和浮雕花板组成，雕刻着丹凤朝阳、松鹿同春等吉祥图案。

### ◂清代黎族五龙出海图龙被

手工织绣，由三幅图案连缀而成。用黄、白、绿、褐等彩色的丝线绣成“五龙出海”，外圈有喜鹊登梅、平安富贵等纹饰。

# 福建博物院

## 博物馆里有“福”气

**等级** 国家一级博物馆

**类别** 综合类博物馆

**藏品数量** 21万余件/套

**特色** 福建省最重要的文物收藏、保护、研究、展示和教育机构

## 山海写就的“福”字

东南沿海藏着一个很有“福”气的省份，它就是福建，唐朝时因境内有福州、建州两府而得名。福建面朝太平洋，背倚山地，有“八山一水一分田”之称。咸湿的海风孕育出星罗棋布的渔村，而在深山密林中，为抵御匪乱，当地百姓建造了高大的土堡。

## 建筑里的闽味

福建博物院位于福建省福州市鼓楼区。馆舍巧妙融合了不同的闽派建筑，“几”字形屋顶富有福建民居特色，自然馆建筑模拟福建土楼风格。水纹状广场像涟漪般向四周扩散，体现了福建的民俗风情和扬帆远行的发展愿景。

## “六合一”博物馆

在全国 4600 多家博物馆中，福博是唯一的“全能选手”。它包括博物馆、自然馆、积翠园艺术馆、考古研究所、文物保护中心、国家水下考古基地，是一所“六合一”的综合性博物馆。

◄西周云雷纹青铜大铙

福建出土的最大的青铜器。鼓部有变形兽面纹，两侧有云雷纹，是中国最早使用的打击类青铜乐器之一。

五代孔雀蓝釉陶瓶►

目前我国发现的孔雀蓝釉类器物中最大的完整器之一。敛口丰肩，肩腹部有粗绳纹，通体呈蓝绿色，具有异域风格。

◄五代闽王延翰铜鎏金狮子炉

五代闽国的孤品文物。炉盖呈盔状，上有蹲狮钮，下有五个兽面足，交接处用铁钉固定。通体鎏金，刻有长铭文。

宋建窑黑釉酱斑碗►

建窑珍品。内壁有放射状的酱褐色羽状斑纹，俗称“鹧鸪斑”，外壁有酱褐斑。

◄南宋银鎏金镂空心形香熏

南宋银器。形状宛若鸡心，有穿孔。双面用银丝焊成，镂空成莲花纹，辅饰六瓣花和卷草花纹。

明德化窑文昌坐像►

明代德化窑代表作。胎质洁白细腻，釉色乳白。文昌帝君带着襆头，内穿交领衫，外穿宽袖袍，右手拿着如意，左手扶膝藏在袖内。

◄明吕纪《梅花天鹅图轴》

明代花鸟画大家吕纪的传世巨作。画面用细笔描绘八哥、蝴蝶、天鹅与梅花，用粗笔画树干和顽石，画风古朴淳厚。

# 香港历史博物馆

## 一个博物馆，一段香港情

类别
综合类博物馆

藏品数量
17万余件

特色/地位
中国十大历史博物馆之一

## 小渔村变身大都会

提到“东方之珠”香港，你会想到什么？是美丽的海滩，还是繁华的都市？香港从一个小渔村起步，经历被英国100多年的殖民，成为如今的国际金融中心，在这个过程中，中西文化碰撞，形成了独特的“多元共生”文化。而作为香港文化的心脏——尖沙咀集中体现了这一特质，既有传统岭南风俗，又有国际化都市风貌。

## 香港故事这里看

香港历史博物馆主馆就位于九龙尖沙咀漆咸道南。它的前身是于1962年成立的“大会堂美术博物馆”，1998年，易名为香港历史博物馆，展厅面积有8000平方米。其中7000平方米为常设展厅，以“香港故事”为主题，全方位展示着香港从古至今的变化，是了解香港社会变迁的好地方。

## 6000年的“时光长廊”

香港历史博物馆的文物数量超过 17万 件。馆内藏品丰富多样，小到邮票，大到缆车，早到史前时期的石器，迟到战后香港生产的玩具、钟表，都能在这里找到，跨越了从新石器时代到战后时期长达6000年的时间，是研究香港历史的宝贵资料。

**◀屏山邓族祝寿贺幛**

邓族廿一世祖邓述卿的夫人荣寿时，其子孙所送的贺礼。主要讲述邓夫人的生平事迹和贤德。贺帐高4米多，上面饰有寓意长寿的吉祥图案。曾于1899年悬挂在屏山邓氏宗祠的墙壁上，见证着英国以不平等条约租借新界的历史。

**南明火炮▼**

永历四年（1650年）铸造的南明火炮，用以抵抗清兵。

**◀添马舰徽章**

原置于中环韦尔斯亲王军营驻港英军总部入口大闸上的“添马舰”徽章，刻有添马舰首次访港年份“1878”。

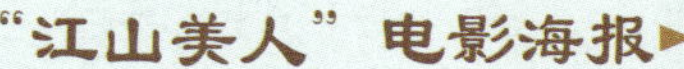

**“江山美人”电影海报▶**

1959年“江山美人”电影海报，这部电影由邵氏兄弟（香港）有限公司出品，该片取材自民间传奇《游龙戏凤》，曾于1959年获亚洲影展最佳影片奖。

**◀掌中木偶：武生**

掌中木偶，又叫布袋戏，曾在泉州、漳州、广东潮汕地区等闽南语地区中盛行。表演时，用手掌作为偶人的躯干，食指托头，拇指和其他3指分别撑着左右两臂，操纵木偶进行戏剧表演。

# 澳门博物馆

## 久违了，澳门

类别：综合性博物馆
藏品数量：约 3000 件 / 套
地位：澳门十大博物馆之一

### 混血小城

“你可知 MACAU 不是我真姓，我离开你太久了，母亲……”1553 年，葡萄牙人最初以“晾晒货物”为借口在澳门居住。鸦片战争后，葡萄牙侵占了澳门，直到 1999 年，它才回归祖国怀抱。400 多年的殖民历史让澳门孕育出了独特的文化与城市风貌。2005 年 7 月 15 日，澳门历史城区被联合国教科文组织列入《世界遗产名录》。

### 大炮台上的博物馆

澳门这座面积仅仅 30 多平方千米的小城上，竟然矗立着约 30 座博物馆！澳门博物馆位于澳门半岛的中心地带，建在著名的大炮台之上。17 世纪初，耶稣会会士兴建大炮台，四个多世纪以来一直是澳门防御系统的核心。

1998 年澳门博物馆落成开幕。博物馆有三层，两层建在大炮台平台之下，最上面的一层是由原来的气象台地面建筑改建而成，最大限度地保留了大炮台原有的建筑风格和地貌特征。

### 澳门万花筒

想要快速了解澳门的历史，澳门博物馆是必去的地方。它展示了澳门的历史和多元文化，讲述了不同国家的居民在澳门生活的故事。一楼展区展示澳门早期历史。二楼澳门民间艺术与传统展区展示澳门传统文化，包括民间艺术、宗教仪式和民俗庆典。三楼展区展示澳门今天的城市面貌和居民生活特色。

## ◂春秋蟠龙纹豆

春秋时期青铜器。饰有蟠蛇纹。盖与豆盘扣合后像是一个扁球，盖子呈覆碗状，豆盘两侧有一对环耳。

## 唐三彩陶马俑▸

唐陶瓷的典范之作。马俑造型精美，鞍鞯高贵典雅，展现了盛唐时期的时代特征。

## ◂明洪武釉里红缠枝牡丹纹玉壶春瓶

官窑瓷器，明代早期瓷器的典型代表。表面绘有蕉叶、卷草、海水、缠枝牡丹等图案。

## ◂明代青花军持

水器。头部像个扁蒜头，肩部有乳状流，腹部用青花线条绘制花卉条纹图案。

## 明代青花克拉克瓷盘▸

明代外销的青花瓷器，具有典型欧洲风格的瓷盘。通体青花装饰，瓷盘瓣口，绘有狮子花卉纹。

## ◂清代广彩描金执壶

清代外销瓷的典型代表。采用釉上彩工艺，并用五彩、粉彩、珐琅彩等工艺特色，多绘制中国山水和人物故事类图案。

## 清代粉彩花蝶纹盘▸

粉彩瓷器中的精品。盘内外以绿、紫、黄、金彩绘花蝶纹，盘沿描金，色彩丰富，体现了清代高超的制瓷工艺。

# 台北故宫博物院

## 海峡对岸的文物情

类别 综合性博物馆

藏品数量 约70万件/套

地位 中国三大博物馆之一

## 从故宫到台湾

20世纪30年代，社会动荡不安，一批精心挑选的国宝从故宫、避暑山庄、沈阳故宫等地被打包运到南京。后来，在抗日战争的战火中，这些文物又被运往云贵和四川等战时大后方。抗战胜利后，这些文物在重庆、南京等地辗转，最后到了台湾。可惜的是，最终这批文物数量只剩下了不到一半。

## 第二个“故宫”

这些文物需要一个家。于是1965年，台北故宫博物院建成了，它也被称为中山博物院，位于台湾省台北市。台北故宫博物院是仿照北京故宫的样式设计建造的宫殿式建筑，有着蓝绿色的琉璃瓦屋顶和米黄色的墙壁，如同白云般纯净的白石栏杆环绕在青石基台之上。

## 5000年历史的收藏者

除了北京故宫，藏品较多的博物馆就要数台北故宫博物院，馆内藏有近70万件文物！这些收藏品主要来自宋、元、明、清四个朝代，几乎涵盖了5000年的中国历史，两岸故宫在文物收藏上各有特色，共同构成了中华文化的宝库。

### ◄西周毛公鼎

西周晚期青铜器。大口圆腹，饰纹简洁，内壁有长达近500字的铭文，是现存商周青铜器中铭文最长的一件，内容为周宣王册命毛公的史实。

### 西周散氏盘►

西周晚期青铜器，因铭文中有“散氏”得名。盘中饰夔纹和兽面纹。内底铸有357字铭文，记录了西周土地转让的契约，是金文书法的典范。

### ◄北宋汝窑天青无纹水仙盆

北宋汝窑的代表作品。整体施天青釉，呈椭圆形。四只足采用宋至清代流行的“如意头足”形态，底部刻有乾隆御制诗。

### 北宋范宽《溪山行旅图》►

北宋山水画的经典之作。以“芝麻皴”笔法为主，描绘了北方山川的雄伟壮丽。画面中山峰高耸，人物和骡马行旅在其间。

### ◄翠玉白菜

原为清末瑾妃的嫁妆，寓意着清白纯洁和子孙繁衍。工匠巧妙地将玉石的绿色部分雕成菜叶，灰白部分雕成菜帮，菜叶上还攀爬着两只螽斯虫。

### 东坡肉形石►

玛瑙石，台北故宫博物院最受欢迎的展品之一。纹理和色泽天然形成，经加工呈现出肉皮、肥肉、瘦肉层次分明的效果，毛孔和肌理栩栩如生。

# 国家自然博物馆

## 与化石面对面

等级：国家一级博物馆

类别：综合性自然博物馆

藏品数量：约 43 万件

地位：中国唯一的国家级、综合性自然博物馆

## “国字号”自然博物馆

种子怎样长成参天大树？蚂蚁军团有没有秘密基地？亿万年前的恐龙长什么样？这些问题都能在国家自然博物馆找到答案！ 1959 年，新中国依靠自己的力量筹建起第一座大型自然历史博物馆——北京自然博物馆。 到了 2023 年，它更名为国家自然博物馆，戴上了“国字号”的桂冠，成为中国目前唯一的国家级、综合性自然博物馆。

## 自然留下的 40 万个足迹

这座背靠北京天坛的大楼，就是国家自然博物馆。 它位于北京市东城区，处在北京中轴线南段东侧。 国家自然博物馆里有 40 多万件宝贝，拥有全国自然博物馆里最多的珍稀标本。

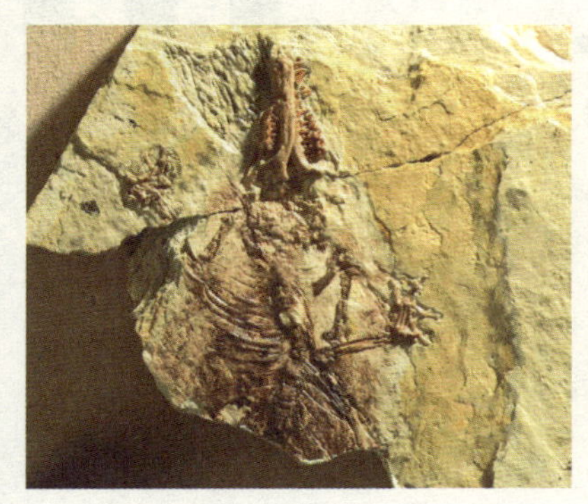

### ◂中华侏罗兽化石

已知最古老的真兽类哺乳动物化石。模样类似老鼠，圆眼尖鼻，牙齿具有多种形态。它将真兽类历史提前 3500 万年，被誉为“来自中国的侏罗纪母亲”。

### 赫氏近鸟龙化石▸

目前发现的世界上最早的带毛恐龙化石。外观上兼有恐龙和鸟类的影子，展现了两者之间的过渡形态。

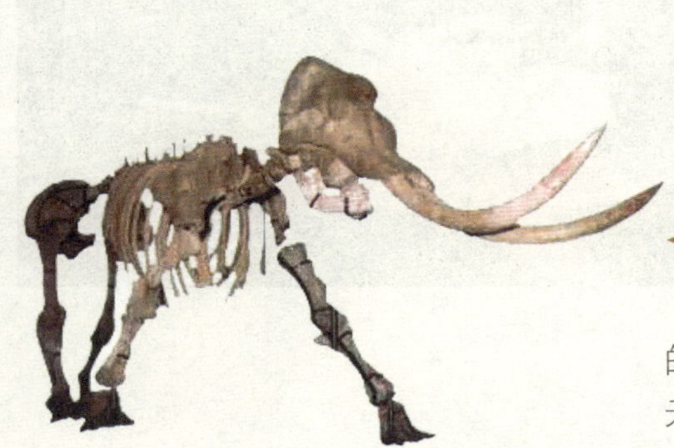

### ◂黄河剑齿象化石

目前全世界发现的个体最大、保存最完整的黄河剑齿象化石，甚至最末端的脚趾都完好无缺。

### 井研马门溪龙化石▾

世界上迄今发现的脖子占比最长的恐龙，其复原后的骨架高大壮观。

# 上海自然博物馆

## 在上海看世界

## 超大号绿螺壳

在上海静安雕塑公园里，有五个大小不一的“水池”，水池旁绿树浓荫、鸟语花香，中心景观区分布着 160 多种植物，好似“山水花园”。在这座花园里藏着一只巨型“绿螺”——原来是上海自然博物馆，在它盘旋而上的绿植屋顶下，竟藏着 45257 平方米的自然王国！论体形，它可不输全国任何一个自然博物馆，是中国最大的自然博物馆之一。

## 自然大阅兵

上海自然博物馆里有 29 万余件自然界的“居民”，他们中的大部分是来自中国华东地区的动植物和矿石标本。最耀眼的明星当属“黄河古象”和“马门溪恐龙”。当然，这里也“居住”着从世界各地远道而来的朋友们。走在博物馆里，能看到 15 万株植物标本列队站成森林，4000 多只哺乳动物标本捉迷藏一样藏在各个角落，3.3 万只昆虫排练着飞行特技……

**黄河古象化石▲**

上海自然博物馆的标志性展品之一。其体形庞大，骨骼完整，展示了史前生物的雄伟姿态，是研究新生代哺乳动物演化的重要标本。

**◀马门溪龙化石**

亚洲最大的恐龙之一，也是世界上脖子最长的恐龙。其化石完整且姿态逼真，展示了侏罗纪时期恐龙的壮观形态。

**长须鲸骨骼标本▶**

目前中国最长的长须鲸骨骼标本。重达3吨，长24米，耗时多年制作完成，该标本是由200多块骨头组成，展示了长须鲸的完整形态。体形仅次于蓝鲸（世界最大动物），与伦敦自然历史博物馆的镇馆之宝蓝鲸标本长度相似。

**菊石▶**

一种已经灭绝的海洋软体动物化石，是古生物学和地质学研究的重要对象。螺旋状的外壳精美漂亮，形态与纹饰多种多样。

# 中国丝绸博物馆

## 活的丝绸字典

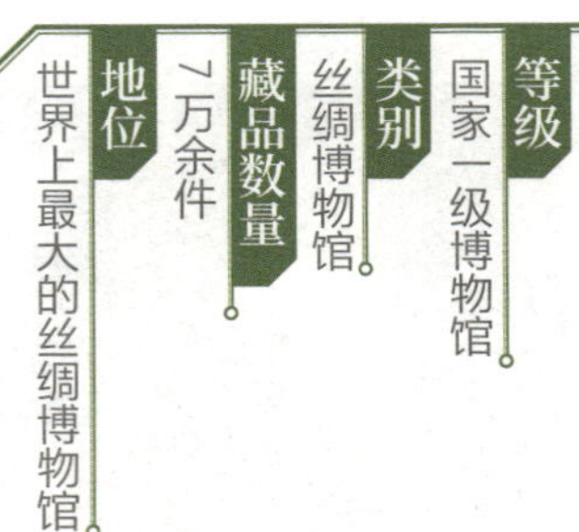

### 丝绸之府

杭州有着“丝绸之府”的美誉，要说杭州与丝的渊源，得追溯到5000年前。那时候的良渚人就已经种桑养蚕，织造丝绸。到了春秋时期，越王勾践以“奖励农桑”为富国政策，鼓励发展丝织业。发展到宋代，杭州的丝织业就更为兴盛了，所产的绫罗绸缎远销东南亚和阿拉伯诸国，甚至在陆地和海洋间铺出了一条“丝绸之路”。

### 在西子之畔吐丝

传说，黄帝的妻子嫘祖发现了种桑养蚕的秘诀，发明了织丝为绸、缝绸做衣的技艺。时光流转几千年，在杭州西子湖畔，一只“蚕宝宝”在安静地吐丝。它就是中国丝绸博物馆。中国丝绸博物馆是全国性的丝绸专业博物馆，它不但是目前中国最大的纺织类专题博物馆，还是世界上最大的丝绸博物馆！

### 从仰韶到巴黎时装周

中国丝绸博物馆里有多少件衣服？答案是70246件（截止到2022年）。它们在这里开起了时装秀，你看——北魏的胡服骑着骆驼走来，唐朝的霓裳羽衣跳着胡旋舞，明朝的补子官服在走正步，清代的戏服甩着水袖唱京剧……

**◂北朝时期绞缬（xié）绢衣**

这是一件褐色的平纹绢衣。它的领口相交，袖子宽阔，像喇叭一样。表面用扎染的工艺染出一个个黄色的小点。

**朵花纹蓝地蜡缬绢▸**

这是一件用蜡染色的棉布。底色为蓝色，图案多为四瓣花朵，瓣头圆润，充满异域风情。

**唐立狮宝花纹锦▴**

这件织锦采用辽式“斜纹纬锦”的技术。在蓝白色的织锦上，大片的牡丹花环绕着站立的狮子，象征着吉祥如意。

**◂红缎地彩绣肚兜**

这是一件大红色缎制作的肚兜，顶部用银链系挂。正中绣一条小船，船上有一对男女，可能讲述着“夫妻双双把家还”的故事。

**◂元代菱地飞鸟纹绫海青衣**

元服饰。衣身绣着为菱地飞鸟纹，双肩有刺绣，肩部开口，手臂从此伸出。两只长袖可在衣服背后的纽上反扣。

**紫色马面裙▸**

清服饰。采用紫色暗花绸，裙摆与马面处用多种花边勾勒轮廓，底边用蓝缎打了细褶。腰头的白色棉布寓意“白头偕老”。

**◂缎地彩绣戏出十团褂**

清服饰。圆领对襟，以草绿色的百蝶纹暗花缎为底，辅以白缎，图案为花卉、仙鹤、孔雀纹等。除此之外，还绣着人物故事纹。

# 中国青铜器博物院

## 青铜器会说话

**等级** 国家一级博物馆

**类别** 青铜器博物馆

**藏品数量** 约 48.7 万件 / 套

**地位** 中国最大的青铜器博物馆

### 炎帝故里

陕西省的西部，有一座会“打鸣”的城市——宝鸡。它地处中原，南、西、北三面环山，东北部有一个岐山县。根据《国语》和《水经注》中记载的，姜水位于岐山的东边，炎帝在这里出生，说的就是现在宝鸡市扶风县与岐山的交界地。

### 青铜器之乡

远古时期，周人在宝鸡建立了强大的周王朝。他们建造城市，铸造青铜，用甲骨占卜天命。经过一代代的积蓄，周人终于攒够了改写历史的能量。随着武王姬发铸利剑，灭商建周，周朝从此登上历史舞台。也正因如此，自汉代起宝鸡就不断出土青铜器，数量之巨，精品之多，铭刻内容之重要，均居中国之首。因此，宝鸡被誉为“青铜器之乡”。

### 不得不看的青铜器

宝鸡市石鼓山风景区内，矗立着一座青铜文化的圣殿——中国青铜器博物院，它是一座以集中收藏、研究和展示周秦时期青铜文化为主的国家一级博物馆。馆藏文物总数为 48.7 万余件 / 套，尤以商周青铜器著称于世。

**◀虢（guó）仲鬲（lì）**

西周晚期炊煮器。用途类似现在煮粥的锅，大多造型为长着三个脚的口袋。此件鬲上有简单纹饰，“虢”为封国名。

**何尊▶**

西周早期的盛酒器，由一位叫“何”的贵族制作。何尊底部内壁铸有122字的铭文，记录了周成王营建成周、举行祭祀、赏赐臣子等重要活动。铭文中的“宅兹中国”，是目前已知“中国”一词的最早出现，意义重大。

**◀兴簋**

西周中期盛饭食的器具。由器身和器座两部分构成，装饰有直棱纹。

**逨盘▼**

西周晚期的盛水器，由一位叫“逨”的贵族制作。盘子的底部内壁铸有372字的铭文，详细记录了单氏家族八代人辅佐周朝的历史，第一次证实了《史记·周本纪》中所记载的西周诸王名号。

**◀秦公镈**

春秋时期乐器。两侧及前后装饰着以龙、凤为造型的飞棱，纽上有环。器身铸有135字铭文，讲述了秦襄公被赏宅受国之事。

# 中国陶瓷博物馆

## 千年瓷话

**等级** 国家二级博物馆

**类别** 陶瓷博物馆

**藏品数量** 5万余件/套

**地位** 国内少数专业性陶瓷博物馆之一

### 千年窑火映瓷都

江西的东北部，矗立着一个千年瓷都，我想你一定听过它的名号——景德镇。自元代开始，景德镇便成为皇家御窑所在地。从这里诞生的瓷器不仅风靡国内，更沿着海上丝绸之路远播重洋。据记载，古代东南亚、阿拉伯、非洲及欧洲地区的人十分喜欢中国瓷器，尤其偏爱景德镇的瓷器。可以说，它们是东方递给世界的青白色名片。

### 中国陶瓷博物馆

中国陶瓷博物馆，位于江西省景德镇市昌江区紫晶北路1号，是中华人民共和国成立后建馆最早的陶瓷艺术专业性博物馆。一步入馆内，就来到了陶瓷的圣殿。从新石器时代陶器到汉唐以来各个时期的5万余件陶瓷，全面展现了景德镇的陶瓷史。

青花瓷、玲珑瓷、粉彩瓷及色釉瓷，合称景德镇四大传统名瓷。

**◂影青釉瓜棱盖合（宋）**

宋瓷器，用于盛装香料或粉黛。以青白色为主，分盖罐两部分。形状既像腰鼓，又像带棱的瓜。

**青花牡丹纹梅瓶（元）▸**

梅瓶器型优美，小口丰肩，又叫经瓶。这件梅瓶上绘有五层纹饰，莲瓣、缠枝牡丹、仰莲等各色花卉恣意开放。

**◂青花葡萄纹菱口盘（明）**

明瓷器。葵花口，口沿绘缠枝牡丹，内外壁绘牡丹、莲花，盘心绘制折枝葡萄，外折沿处有“大明宣德年制”楷书款。

**康熙青花山水凤尾尊（清）▸**

观赏性瓷器。圆筒长颈，颈部与腹部上绘制的山水图，采用了中国画“斧劈皴”的技法，用笔遒劲挺拔。

**◂仿炉钧双耳兽足盖香炉**

实用器。肩部镶着双螭耳，腹下立着三兽头。表面饰金，天蓝釉中有红、紫斑块。底部用青花落“大清乾隆年制”篆书款。

# 走遍中国博物馆，纵横上下五千年

当我们以朝代为线索穿梭在各个博物馆间，就像拥有了时光钥匙，能纵览华夏文明浩浩汤汤的全貌；于尧舜禹时代的遗址处，仿佛能捕捉到早期文明若隐若现的微光。走进旧石器与新石器时代的展馆，人类从蒙昧迈向智慧的步伐清晰可辨；夏商周的厚重青铜、秦汉的雄浑大气、三国魏晋的风云变幻，每一步都踏在历史的鼓点上。隋唐的盛世华章、宋元的风雅韵致、明清的皇家气派，还有近代的风云激荡……收藏不同朝代文物的博物馆，宛如一幅幅细腻的长卷，在我们眼前缓缓铺陈。

每一座博物馆都是历史的容器，承载着往昔的故事与辉煌。跟着朝代的脉络，去探寻那些被岁月尘封的秘密吧。说不定，你也会在某个瞬间，与千年前的文明来一场浪漫邂逅！历史迷们，快码住这份独特的博物馆打卡思路，一起开启属于我们的历史奇遇之旅！

| 朝代 | 博物馆 / 文化遗址 | 地点 | 特色 |
|---|---|---|---|
| 通史陈列 | **中国国家博物馆** | 北京 | 展现中华文化从远古到近代的全面貌 |
| 旧石器时代 | **周口店北京人遗址博物馆** | 北京 | 追寻人类起源的秘密 |
| | **元谋人博物馆** | 云南楚雄 | 探秘中国境内早期人类生活的足迹 |
| 新石器时代 | **仰韶村国家考古遗址公园** | 河南三门峡 | 展示丰富多彩的仰韶文化，陈列各式各样的彩陶器具 |
| | **陕西西安半坡博物馆** | 陕西西安 | 展示新石器时代聚落形态 |
| | **河姆渡遗址博物馆** | 浙江余姚 | 展示以稻作农业和干栏式建筑为代表的河姆渡文化 |

| 朝代 | 博物馆 / 文化遗址 | 地点 | 特色 |
| --- | --- | --- | --- |
| 新石器时代 | **良渚博物院** | 浙江杭州 | 揭秘史前水利工程，展示精美微雕玉器 |
| | **龙山文化博物馆** | 山东济南 | 讲述龙山文化内涵，探究龙山黑陶艺术 |
| | **陶寺遗址博物馆** | 山西临汾 | 包含多种文化因子，肩负着研究早期国家形态的重任 |
| | **牛河梁国家考古遗址公园** | 辽宁朝阳 | 寻觅红山古国，讲述奇异玉器背后的红山故事 |
| | **赤峰博物馆** | 内蒙古赤峰 | 展示红山文化的丰富内涵 |
| 夏商 | **二里头夏都遗址博物馆** | 河南偃师 | 探索夏朝文明的关键遗址 |
| | **殷墟博物馆** | 河南安阳 | 展示着大量的甲骨文、青铜器等文物 |
| | **安阳博物馆** | 河南安阳 | 和河南安阳殷墟博物馆一起，组成完整的殷墟文化 |
| | **邢台博物馆** | 河北邢台 | 专注于商朝早期历史文化 |
| | **盘龙城遗址博物院** | 湖北武汉 | 盘龙城作为长江流域发现的第一座商代古城，内含大型建筑基址、墓葬、作坊等众多重量级遗迹 |
| | **三星堆博物馆** | 四川广汉 | 拥有别处不可多见的奇特青铜器 |
| | **江西省博物馆** | 江西南昌 | 弥补虎方文化的缺口，展示与商并行的文明 |
| 西周 | **中国青铜器博物院** | 陕西宝鸡 | 青铜器藏品种类丰富，工艺精湛 |
| | **宝鸡周原博物院** | 陕西宝鸡 | 建立在周原遗址考古地的专题博物馆 |
| | **金沙遗址博物馆** | 四川成都 | 承接三星堆文化，展现蜀国文明早期风貌 |
| | **虢国博物馆** | 河南三门峡 | 虢国墓地守护人 |

| 朝代 | 博物馆 / 文化遗址 | 地点 | 特色 |
| --- | --- | --- | --- |
| 东周（春秋战国） | **河南博物院** | 河南郑州 | 以国之重器记录中国历史，见证文化发展 |
| | **周王城天子驾六博物馆** | 河南洛阳 | 在原址展示东周早期周天子座驾 |
| | **山西博物院** | 山西太原 | 展示晋国的历史文化和霸业兴衰 |
| | **太原博物馆** | 山西太原 | 回顾太原的都城历史，展现丰富的晋阳文化 |
| | **山西青铜博物馆（隶属于山西博物院）** | 山西太原 | 中国第一个省级青铜专题博物馆 |
| | **晋国博物馆** | 山西临汾 | 中国第一座晋文化专题博物馆 |
| | **河北博物院** | 河北石家庄 | 讲述赵国、中山国、燕国历史 |
| | **邯郸市博物馆** | 河北邯郸 | 一场穿越赵国的奇妙之旅 |
| | **湖北省博物馆** | 湖北武汉 | 展现楚国文化，将曾侯乙墓带到世人面前 |
| | **荆州博物馆** | 湖北荆州 | 揭秘荆楚文化 |
| | **随州博物馆** | 湖北随州 | 被誉为“青铜器王国” |
| | **平顶山博物馆** | 河南平顶山 | 揭秘古应国的起源与消亡 |
| | **淄博市博物馆** | 山东淄博 | 展出大量齐文化文物和西汉齐王墓 |
| | **孔子博物馆** | 山东曲阜 | 全方位展现孔学文化 |
| | **齐文化博物馆** | 山东淄博 | 展现齐国都城风貌和文化 |
| | **安徽楚文化博物馆** | 安徽寿县 | 收藏大量楚文化遗物 |
| | **无锡博物院** | 江苏无锡 | 重回春秋吴国，领略无锡故事 |
| | **秦始皇帝陵博物院** | 陕西西安 | 闻名世界的兵马俑 |

| 朝代 | 博物馆 / 文化遗址 | 地点 | 特色 |
|---|---|---|---|
| 秦汉 | 陕西历史博物馆 | 陕西西安 | 聚焦盛唐风采 |
| | 汉景帝阳陵博物院 | 陕西西安 | 汉阳陵是汉景帝刘启和夫人的合葬墓，修建时长 28 年 |
| | 甘肃简牍博物馆 | 甘肃兰州 | 展示秦汉简牍 |
| | 汉中市博物馆 | 陕西汉中 | 建立在古汉台之上，体验汉风汉韵的独特风韵 |
| | 南越王博物院 | 广东广州 | 反映秦汉时期岭南文化 |
| | 徐州博物馆 | 江苏徐州 | 展示汉代王陵里的汉代文物与历史 |
| | 连云港市博物馆 | 江苏连云港 | 曾经汉代的东海郡武库 |
| | 南昌汉代海昏侯国遗址博物馆 | 江西南昌 | 拥有海昏侯墓出土的大量珍贵文物 |
| | 湖南博物院 | 湖南长沙 | 千年不腐的辛追夫人及众多精美文物 |
| | 河北博物院 | 河北石家庄 | 满城汉墓出土的金缕玉衣等文物 |
| | 绵阳市博物馆 | 四川绵阳 | 绵阳汉马等东汉特色文物展览 |
| | 徐州汉画像石艺术馆 | 江苏徐州 | 精美的汉代石刻 |
| | 南阳汉画馆 | 河南南阳 | 汉画像石艺术的集中展示 |
| 三国 | 成都武侯祠 | 四川成都 | 纪念诸葛亮等三国人物 |
| | 曹操高陵遗址博物馆 | 河南安阳 | 曹操墓 |
| | 许昌博物馆 | 河南许昌 | 大量三国名人墓地、三国时期的文物 |
| | 鄂州博物馆 | 湖北鄂州 | 吴国铜镜 |

| 朝代 | 博物馆 / 文化遗址 | 地点 | 特色 |
|---|---|---|---|
| 魏晋南北朝 | **六朝博物馆** | 江苏南京 | 讲述风云诡谲的六朝历史 |
| | **大同市博物馆** | 山西大同 | 展示北朝早期风光 |
| | **太原北齐壁画博物馆** | 山西太原 | 通过北齐壁画，体现北朝文化特色 |
| | **邺城考古博物馆** | 河北邯郸 | 中国首座佛造像专题博物馆 |
| | **北朝考古博物馆** | 河北磁县 | 展示东魏及北齐墓葬的考古成果 |
| | **青州博物馆** | 山东潍坊 | 青州微笑佛像 |
| | **宁夏固原博物馆** | 宁夏固原 | 以固原文化为主题，展示固原地区从秦汉到明清的各类文物 |
| | **隋唐大运河文化博物馆** | 河南洛阳 | 展现隋唐大运河的历史文化 |
| 隋唐五代十国 | **陕西历史博物馆** | 陕西西安 | 大唐盛世的各类文物，体现繁荣景象 |
| | **西安博物院** | 陕西西安 | 展现西安 1000 多年都城历史 |
| | **西安碑林博物馆** | 陕西西安 | 展示碑石、墓志、造像等大量石刻艺术 |
| | **大唐西市博物馆** | 陕西西安 | 反映唐代商业文化 |
| | **大明宫遗址博物馆** | 陕西西安 | 游览大明宫遗址，领略唐代宫廷建筑风貌 |
| | **乾陵博物馆** | 陕西乾县 | 乾陵是唐高宗与武则天的合葬墓，也是全球唯一皇帝夫妻合葬陵 |
| | **中国大运河博物馆** | 江苏扬州 | 展示大运河相关历史文化 |
| | **法门寺博物馆** | 陕西宝鸡 | 佛教文化和唐代珍宝的汇聚地 |

| 朝代 | 博物馆 / 文化遗址 | 地点 | 特色 |
| --- | --- | --- | --- |
| 隋唐五代十国 | **洛阳博物馆** | 河南洛阳 | 展示了十三朝古都的历史变迁和文化积淀 |
| | **敦煌研究院** | 甘肃敦煌 | 莫高窟 |
| | **渤海上京遗址博物馆** | 黑龙江宁安 | 展示渤海国的历史文化遗迹和文物 |
| | **永陵博物馆** | 四川成都 | 前蜀文化的重要展示场所 |
| | **吴越文化博物馆** | 浙江杭州 | 呈现吴越文化特色 |
| | **开封博物馆** | 河南开封 | 北宋都城文化相关文物展示 |
| 辽宋金西夏 | **晋祠博物馆** | 山西太原 | 保护晋祠古迹，追寻晋国祭祀文化足迹，探寻宋代建筑艺术 |
| | **眉山三苏祠博物馆** | 四川眉山 | 展示苏洵、苏轼、苏辙父子三人的故居 |
| | **磁州窑博物馆** | 河北磁县 | 探索磁州窑遗址，展现磁州瓷器魅力 |
| | **定州博物馆** | 河北保定 | 以汉代和宋代的陶瓷、玉石、金银文物为主，具有独特的文化魅力 |
| | **四川泸县宋代石刻博物馆** | 四川泸县 | 宋代石刻专题博物馆 |
| | **宁夏回族自治区博物馆** | 宁夏银川 | 展现从古至今的宁夏文化风貌 |
| | **西夏博物馆** | 宁夏银川 | 在探秘西夏王陵的过程中，了解西夏历史 |
| | **青海省博物馆** | 青海西宁 | 展示青海的革命历史和民俗文化 |
| | **杭州博物馆** | 浙江杭州 | 反映南宋时期杭州的历史文化 |

| 朝代 | 博物馆 / 文化遗址 | 地点 | 特色 |
| --- | --- | --- | --- |
| 辽宋金西夏 | **南宋官窑博物馆** | 浙江杭州 | 展示南宋官窑瓷器 |
| | **辽宁省博物馆** | 辽宁沈阳 | 辽瓷辽镜，契丹审美 |
| | **吉林省博物院** | 吉林长春 | 女真崛起密码；铜坐龙、春水玉 |
| | **辽代历史文化博物馆** | 内蒙古赤峰 | 草原王朝符号；辽壁画、辽塔、鸡冠壶 |
| | **敖汉博物馆** | 内蒙古敖汉旗 | 草原壁画长廊、辽墓壁画 |
| | **泉州海外交通史博物馆** | 福建泉州 | 海上丝绸之路重镇；印度教石雕、阿拉伯碑文 |
| 元明清 | **元上都遗址** | 内蒙古锡林郭勒 | 呈现元上都的历史风貌 |
| | **内蒙古博物院** | 内蒙古呼和浩特 | 展现从契丹到蒙元的历史；钧窑香炉、辽代墓葬出土文物 |
| | **首都博物馆** | 北京 | 总览元大都生活图鉴；青花凤首壶、伯矩鬲 |
| | **南京博物院** | 江苏南京 | 展现洪武开国气象；釉里红梅瓶、明清书画文物 |
| | **大报恩寺遗址博物馆** | 江苏南京 | 讲述琉璃塔传奇；阿育王塔、永乐碑刻 |
| | **明孝陵博物馆** | 江苏南京 | 明朝的第一座陵墓 |
| | **南京城墙博物馆** | 江苏南京 | 介绍南京城墙的历史和建筑特色；砖文档案库、筑城铭文砖、明代火器 |
| | **故宫博物院** | 北京 | 明清皇家宫殿，文物丰富 |
| | **明十三陵博物馆** | 北京 | 葬有 13 位皇帝、23 位皇后、1 位皇贵妃、数十位皇妃的大型墓葬群 |

| 朝代 | 博物馆 / 文化遗址 | 地点 | 特色 |
| --- | --- | --- | --- |
| 元明清 | **天一阁博物院** | 浙江宁波 | 大量藏书 |
| | **清东陵** | 河北唐山 | 葬有 5 位皇帝、15 位皇后、136 位妃嫔、3 位阿哥、两位公主的大型墓葬群 |
| | **清西陵** | 河北保定 | 葬有清代 4 位皇帝 |
| | **沈阳故宫博物院** | 辽宁沈阳 | 满族文化的瑰宝与历史的见证 |
| | **避暑山庄博物馆** | 河北承德 | 中国清代宫廷历史博物馆 |
| | **直隶总督署博物馆** | 河北保定 | 建立在直隶总督署旧址上 |
| | **伪满皇宫博物院** | 吉林长春 | 伪满洲国时期的历史见证 |
| 近现代 | **鸦片战争博物馆** | 广东东莞 | 展现鸦片战争历史 |
| | **中国甲午战争博物馆** | 山东威海 | 展现甲午战争历史 |
| | **中国人民革命军事博物馆** | 北京 | 枪杆子里出政权，军事装备大集结 |
| | **中国人民抗日战争纪念馆** | 北京 | 全民抗战全景，八路军缴获日军装备 |
| | **上海博物馆** | 上海 | 中华历史全景 |
| | **上海市历史博物馆** | 上海 | 远东第一城记忆；租界界碑、江南制造局档案 |
| | **中共一大纪念馆** | 上海 | 红色起点原景;《新青年》创办历史、中共一大会议地 |
| | **辛亥革命纪念馆** | 广东广州 | 共和第一枪；孙中山手稿、十八星旗 |
| | **“九·一八”历史博物馆** | 辽宁沈阳 | 东北沦陷铁证；柳条湖铁路残段 |

| 朝代 | 博物馆 / 文化遗址 | 地点 | 特色 |
| --- | --- | --- | --- |
| 近现代 | **侵华日军第七三一部队罪证陈列馆** | 黑龙江哈尔滨 | 侵华日军第七三一部队罪证 |
| | **旅顺博物馆** | 辽宁大连 | 东北地区第一座博物馆 |
| | **侵华日军南京大屠杀遇难同胞纪念馆** | 江苏南京 | 历史伤痕见证；幸存者脚印墙 |
| | **台北故宫博物院** | 台湾台北 | 中国三大博物馆之一 |